FOTOGRAFÍA DIGITAL

Historia, imagen, tomas, enfoque, zoom, foco, disparo, photoshop

ISBN: 9798867539436

Edición EMD

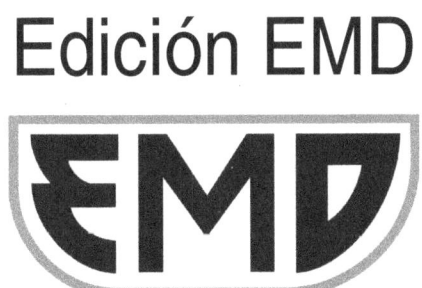

INDICE

INTRODUCCION:

Historia de la fotografía

Antecedentes

Las malas lenguas dicen que la fotografía es el recurso de los pintores frustrados, posiblemente eso es lo que pensaban al idear la Cámara Oscura, primer intento de crear una imagen copia fiel de la realidad... pequeño repaso a su nacimiento.

Cronología

1521 La primera publicación sobre la **Cámara Oscura** es la de Cesare Cesariano, un alumno de Leonardo durante el Renacimiento. Por su parte, el científico Georgius Fabricus experimentaba ya con las sales de plata, notando algunas de sus propiedades.

1558, Giovanni Battista della Porta por sus publicaciones sobre la cámara oscura se hizo popular entre lospintores de la época. Gerolamo Cardano sugiere una importante mejora, una lente en la apertura de la cámara.

1600, durante el siglo XVII, la cámara que hasta ese momento era una habitación como tal se transforma en un instrumento portátil de madera. Johann Zahn transformó esa caja en un instrumento parecido a lo usado en los principios de la fotografía.
En este siglo los científicos continuaban experimentando con sales de plata, notando cómo se oscurecían con la acción del aire y del Sol, sin saber que era la luz la que les hacía reaccionar, hasta que científicos como el sueco Carl Wilhelm Scheele y el suizo Jean Senebier revelaron que las sales actuaban con la acción de la luz.

El término Cámara Oscura fue acuñado por Johannes Kepler (1571-1630).

Esquema de una cámara oscura de 1772 aproximadamente ⟶

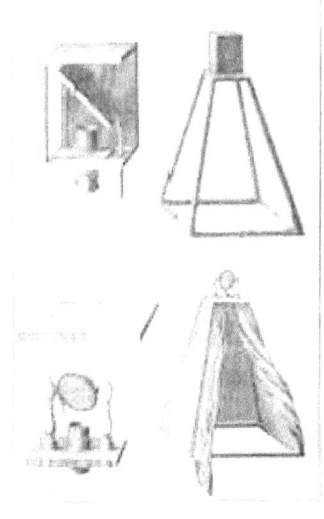

1685, de acuerdo a tratados publicados por Zahn ya la cámara estaba lista para la fotografía, pero tuvieron que pasar 130 años más para que pudiera dar los primeros frutos concretos, aún los químicos no estaban listos.

1777, el sueco Carl Wilhelm Scheele publica su tratado sobre las sales de plata y la acción de la luz en latín y alemán, en 1780 en inglés y un año más tarde en francés. En el estilo de las pinturas de artistas exitosos de este siglo como Canaletto o Jean Auguste Dominique Ingres, parece evidente el uso de esta poderosa herramienta, la cámara oscura.
Una cámara de este tipo que tiene grabado el nombre de Canaletto, se conserva en Venecia, aunque no está confirmado que efectivamente perteneció al artista.
Artistas que comercializaban con éxito retratos, como el de Maximilien Robespierre, hacían uso de todo tipo de

Esquema de una cámara oscura de 1772 aproximadamente

instrumentos para lograr trabajos casi perfectos.   El Physionotrace para hacer perfiles inventado por Gilles Louis Chretien despertaron en la burguesía francesa el apetito por la iconografía, así, pocas décadas faltaban para la aparición del invento que nos interesa.

1801, pocos años antes de su muerte el inglés Thomas Wedgwood hizo los últimos descubrimientos en los procedimientos para capturar imágenes, pero hasta su muerte en 1805 no logró hacerlas permanentes.

Tengamos presente la dificultad de uso ya que la imagen se presenta invertida.
En el ojo humano también se forma invertida y es el cerebro el que "endereza".

También se conoce por: Cámara/Fotografía Estenopeica, ya que el pequeño agujero se denomina _estenope_.
Del Griego estenos = contraido o estrechez.

Inicios

La Historia de la Fotografía inicia a principios del siglo XIX, cuando en el año 1816 el científico francés Nicéphore Niepce obtuvo las primeras imágenes fotográficas, aunque la fotografía más antigua que se conserva es una imagen obtenida en 1826 con la utilización de una cámara oscura y un soporte sensibilizado mediante una emulsión química de sales de plata.

Niepce comenzó sus investigaciones, necesitando ocho horas de exposición a plena luz del día para obtener sus imágenes.
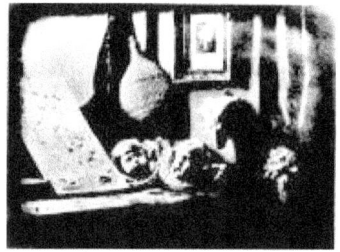
En 1839 Louis Daguerre hizo público su proceso para la obtención de fotografías basado en la plata denominado Daguerrotipo, que resolvía algunos problemas técnicos del procedimiento inicial de Niepce y reducía los tiempos necesarios de exposición. Su procedimiento resulta ser el antecesor de la actual fotografía instantánea de Polaroid.

Casi al mismo tiempo Hércules Florence, Hippolythe Bayard y William Fox Talbot desarrollaron otros métodos diferentes. El creado por William Fox Talbot se basaba en un papel cubierto con cloruro de plata que es mucho más cercano al de la fotografía de hoy en día, ya que producía una imagen en negativo que tenía que ser posteriormente positivada tantas veces como se deseara.

Por esos tiempos el Daguerrotipo era mucho más popular ya que era particularmente útil para los retratos, costumbre común entre la clase media burguesa de la Revolución Industrial.

Es un hecho que gracias a la enorme demanda de estos retratos, mucho más baratos que los pintados, la fotografía fue impulsada enormemente.

Es Sir John Hershel de quien se sabe que menciona por primera vez la palabra Fotografía, en una carta escrita a Henry Fox Talbot fechada el 28 de Febrero de 1.839.

Del griego Photos = luz y Graphos = escribir

La fotografía en color fue desarrollada durante el siglo XIX.

Los experimentos iniciales no fueron capaces de conseguir que los colores se quedaran fijados en la fotografía. La primera fotografía en color fue obtenida por el físico James Clerk Maxwell en 1861. Sin embargo, la primera película fotográfica en color -Autochrome- no llegó a los mercados hasta 1907.

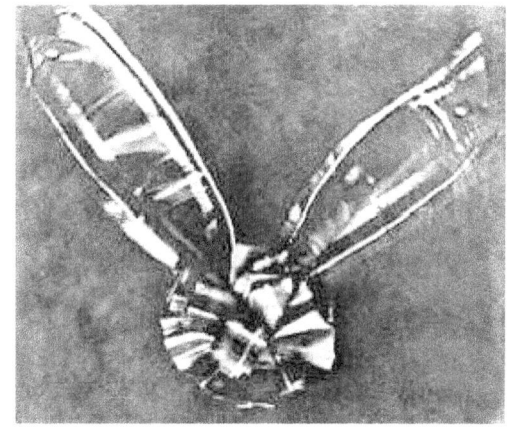

La primera película fotográfica en color moderna, KodaChrome, fue utilizada por primera vez en 1935.

Las más modernas, a excepción de ésta, han sido basadas en la tecnología desarrollada por Agfacolor en 1936.

La cinta de un tartán. Primera fotografía en color. Tomada por James Clerk Maxwell realizando tres fotografías sucesivas cada vez con la lente tras un filtro diferente: rojo, verde y azul. Cada una de las tres imágenes se proyectaba sobre la misma pantalla con la luz del color del filtro que se había empleado para tomarla.

FOTOGRAFIA DIGITAL:

La primera cámara digital fue desarrollada por Kodak, que encargó a Steve Sasson la construcción de una en 12 Diciembre de 1975.

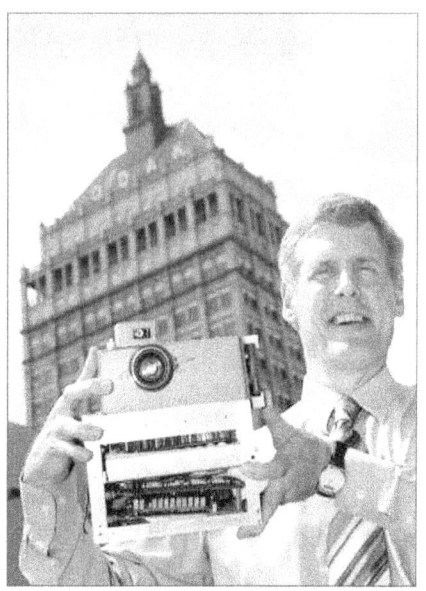

Ésta tenía el tamaño de una tostadora y una calidad equivalente a 0.01 Megapíxeles. Necesitaba 23 segundos para guardar una fotografía en blanco y negro en una cinta de casete y otros tantos en recuperarla.

Steven Sasson muestra el prototipo de cámara digital que construyó en 1975 en la Eastman Kodak Co sede en Rochester, NY Se registró un blanco y negro la imagen digital y en una cinta de cassette.

Credit: Associated Press Crédito: Associated Press (Septiembre 09, 2005)

1. Imagen analógica e imagen digital

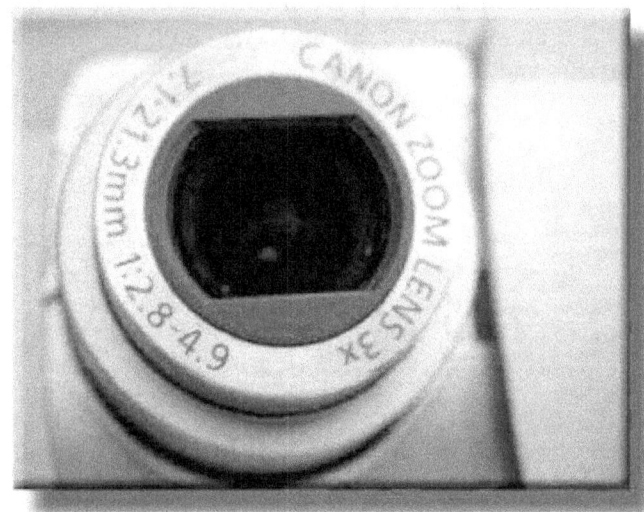

Antes de centrarnos en la Imagen Digital, podemos también llevar a cabo una comparativa entre ésta y la imagen fotográfica clásica o analógica.

Entre ambas encontraremos importantes semejanzas.

El conjunto de lo que entendemos por fotografía se ha ampliado en estos últimos años en cuanto a soportes, pero se mantiene en cuanto a concepto.

La copia en blanco y negro colgada en una exposición, la reproducción a color en un libro o el gráfico que aparece en la pantalla del ordenador son de hecho, ejemplos de una misma realidad.

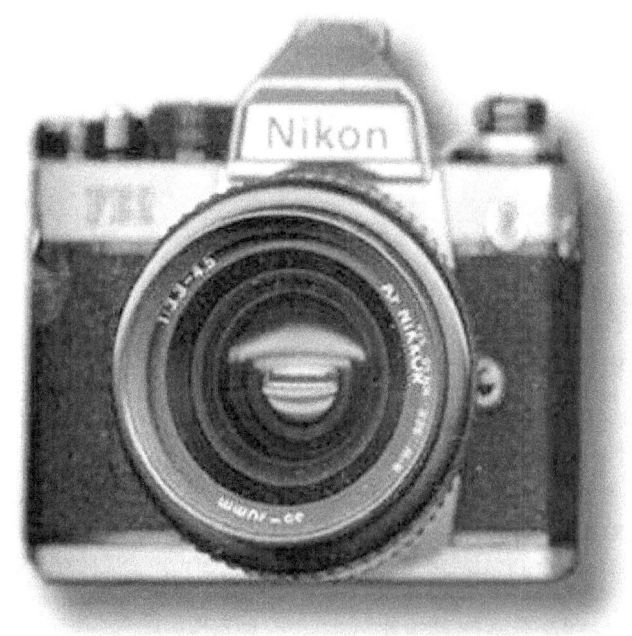

La fotografía, sea cual sea el soporte en el que se muestra, es a los ojos del observador un continuo de tonos de color y niveles de brillo.

Cualquier aficionado que haya pasado horas encerrado en su cuarto oscuro casero ampliando en blanco y negro conoce perfectamente la existencia del grano. Si se amplía en exceso un negativo colocado en la ampliadora en el papel fotográfico se reproduce inevitablemente el grano.

Incluso cuando durante el positivado se usa una lupa de enfoque para obtener la máxima nitidez de la copia lo que en realidad se enfoca es la proyección del grano del negativo sobre el papel.

LA EVOLUCION de la Película al Sensor Digital:

El cambio, la diferencia que señala el paso del analógico al digital, es la substitución de la película de 35mm por otra "cosa" denominada sensor y sus consecuencias.

Toda vez que el tamaño de los sensores digitales salvo los FF (Full Frame) es menor que la película de 35mm se dice que hay un *"recorte"* de la imagen proyectada por el objetivo, así en un sensor APS el factor de recorte o de multiplicación es de x1,6, resultando que un objetivo de por ejemplo: 50mm en realidad es de 50x1,6 = 80mm equivalente.

Tamaño relativo de los sensores que se usan comúnmente en las Cámaras digitales.

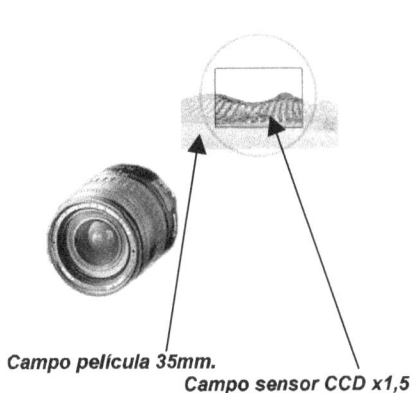

Campo película 35mm.
Campo sensor CCD x1,5

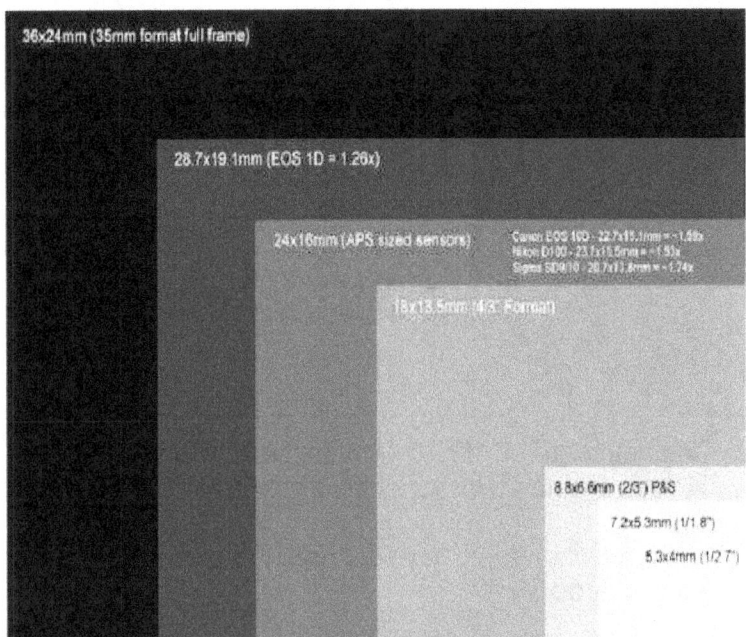

Tamaños relativos de los sensores más comunes (formato de 35mm y menores)

El hablar de factor de multiplicación de focal es un error de nomenclatura. Realmente el factor que existe es un factor de **recorte**, debido al menor tamaño de los sensores de las cámaras digitales, respecto al tamaño de una película estándar de 35mm.

Así cuando se habla de una cámara con un factor de recorte de 1,5X se debe a que el tamaño del sensor es 1,5 veces inferior al de la película.

En condiciones normales (objetos a suficiente distancia), el resultado de sacar una foto con un objetivo de focal 100mm (por ejemplo) con ésta cámara digital es un menor campo de visión (por un factor de 1,5). Casi exactamente el mismo campo de visión que hubiéramos obtenido con una cámara analógica y un objetivo de 150 mm.

Por eso se suele hablar de focales equivalentes, y se calculan como el producto de la focal real multiplicado por el factor de recorte (de ahí el nombre erróneo de Factor de Multiplicación).

Todos los demás datos, tales como luminosidad, diafragma etc... relacionados con la óptica permanecen sin variación. Pero como es evidente, para fotografía de paisajes o gran campo, son mejores sensores grandes FF o incluso de mayor tamaño, lo que se conoce como *FORMATO medio 120mm. y gran formato hasta 20x25 cms*.

Factores de multiplicación en función del tamaño del sensor CCD o CMOS.

Factor	Tamaño del sensor	Resolución habitual (2007)	Diagonal
8,7	1/3,2"	2 - 3 Megapixel	5 mm
7,2	1/2,7"	3 - 5 Megapixel	6 mm
6,8	1/2,5"	3 - 5 Megapixel	6,4 mm
4,9	1/1,8"	4 - 8 Megapixel	8,9 mm
4	2/3"	8 Megapixel	11 mm
* 2	4/3" Cuatro Tercios	7,5-10 Megapixel	21,3 mm
1,6	APS-C Canon	8-10 Megapixel	27,1 mm
1,5	APS-C Nikon DX, Pentax, Sony Alpha	6-10 Megapixel	28,3 mm
1,3	APS-H Canon	8-10 Megapixel	34,7 mm
1	Formato completo (full frame)	12-17 Megapixel	43,3 mm

Originalmente el **APS-C** (Advanced Photo System, Sistema Avanzado de fotografía tipo C Clasic) es uno de los posibles formatos del sistema APS de fotografía.

Es un formato de 25.1 x 16.7 mm, de lo que resulta un radio de 3:2 que es el clásico en la fotografía de 35mm.

Posteriormente este término se ha empleado para referirse a uno de los tamaños posibles en los sensores de las cámaras digitales, que pueden variar según fabricantes, en realidad son tamaños aproximados.

* El *formato 4/3 (Cuatro Tercios)* es original de Olympus y Kodak, posteriormente lo han adoptado otras marcas, su particularidad es que se ha desarrollado el formato (sensor) junto con el sistema óptico partiendo de cero, por cual se puede decir que es un conjunto **Sensor/es CCD/LiveMOS/Optica** que le permite unos resultados superiores a los que podríamos deducir de su tamaño, inferior al APS-C.

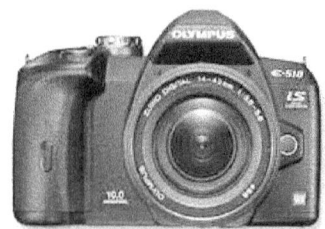

Su ratio o proporción no es 3:2 pasa a ser más cuadrado, con sus ventajas e inconvenientes, por ejemplo en los recortes laterales.

LiveMOS: Sensor desarrollado por Panasonic con tecnología MOSFET.*(Transistor de efecto de campo)*

2. Imagen analógica e imagen digital - II

Como ejemplo de la existencia del grano tomamos una fotografía del puerto de Cotlliure. A distancia la vemos como una imagen con una continuidad de tonos, desde el blanco hasta el negro podemos observar múltiples variaciones de gris.

No obstante, si nos aproximamos lo suficiente comprobamos cómo la imagen está compuesta por un tapiz de puntos. Corresponden a los granos de las sales de plata ennegrecidos por la acción de la luz. Las gradaciones de grises en la fotografía en blanco y negro se obtienen a partir de la mayor o menor concentración de puntos. Si ampliamos suficientemente los granos de plata de la emulsión se hacen visibles.

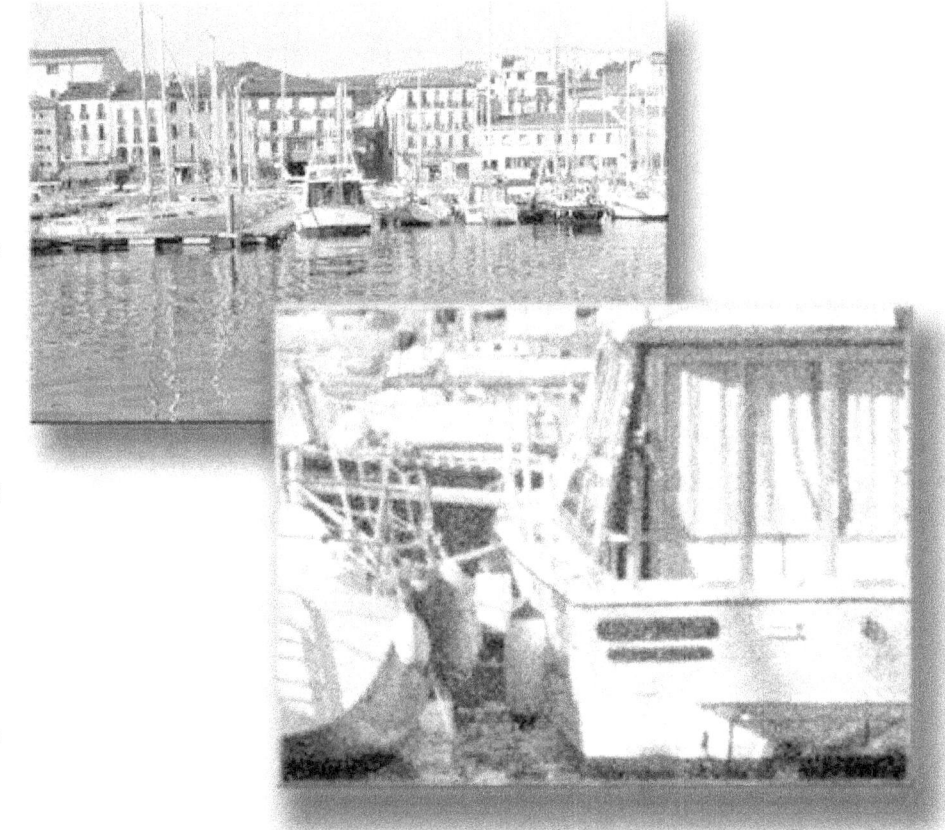

Observamos cómo la imagen del puerto de Cotlliure se ve a distancia como un conjunto de tonos continuos. Pero con una ampliación suficiente el grano de la película se hace visible. Una fotografía en blanco y negro es el resultado de un tapiz de sales de plata que se ennegrecen como resultado de la exposición a la luz.

En la fotografía en color, ya se trate de un negativo o de una diapositiva ocurre algo similar.

Aquí, en lugar de una capa con sales de plata existen tres capas de pigmentos. Cada una de ellas es sensible a uno de los colores primarios. La combinación de las tres luces origina la imagen en color. Una fotografía de las islas Lofoten nos sirve de ejemplo. Desde una cierta distancia la vemos como un continuo de tonos de color, si bien una ampliación suficiente del negativo evidencia claramente el conjunto de granos de la emulsión fotográfica.

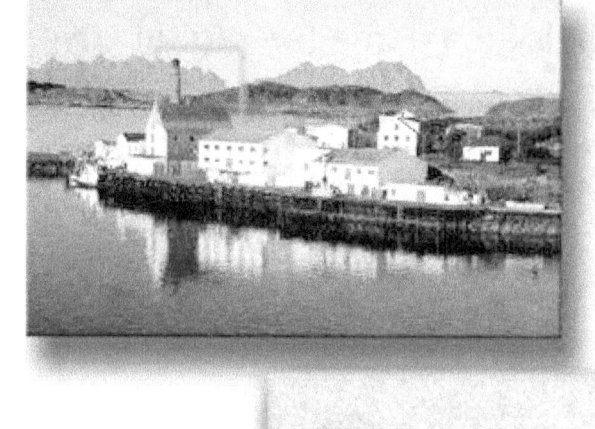

En la fotografía digital

también nos encontramos con una imagen que reproduce con tonos continuos la realidad. Si nos aproximamos lo suficiente podremos observar cómo la imagen está formada por millones de elementos que cumplen la misma función que los granos de plata en las emulsiones clásicas.

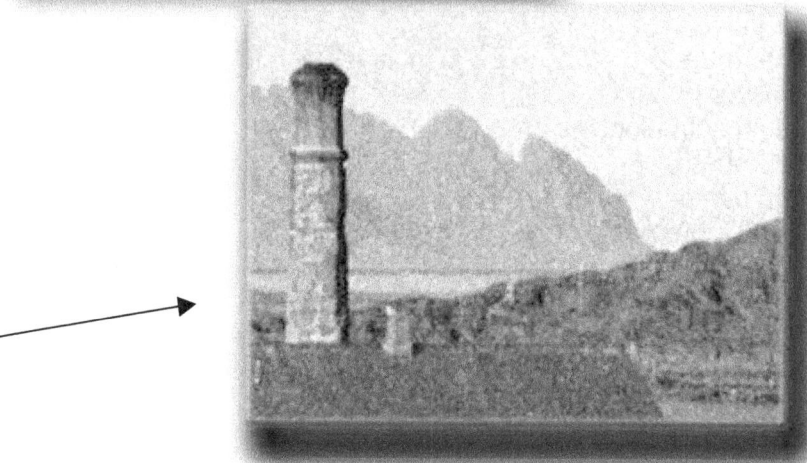

Sensores digitales

Únicamente que aquí no se trata de granos sino de *píxeles*. éstos no derivan de la sensibilización de sales de plata, sino de un análisis numérico de la luz, generado partiendo de las señales eléctricas de un sensor del tipo CCD o CMOS.

CMOS: Complementary Metal Oxide Semiconductor.
CCD: Charge-Coupled Device

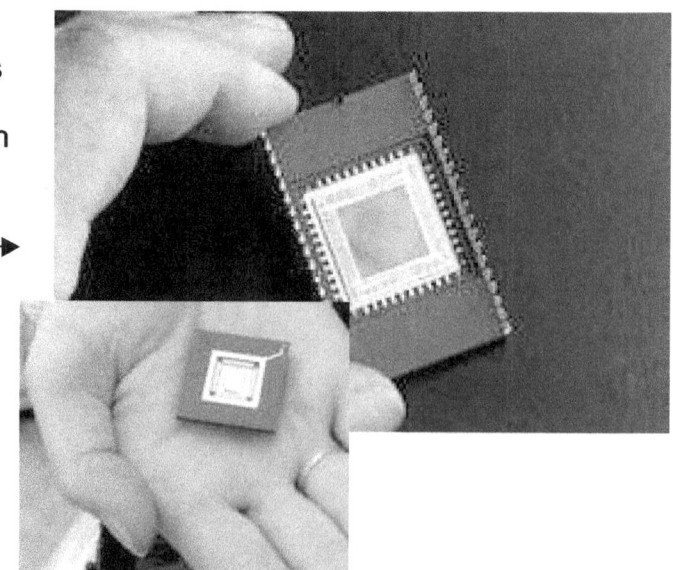

Píxel es un término que deriva de la contracción de *picture y element*, imagen y elemento en inglés. Los píxeles son las unidades mínimas que forman una imagen digital.

En los dos ejemplos que siguen a continuación comparamos dos imágenes tomadas en el World Trade Center de Barcelona mediante los dos métodos principales de adquisición de una fotografía digital. La primera proviene del escaneado de una emulsión fotográfica, la segunda ha sido tomada directamente con una cámara digital. Comprobamos cómo, independientemente del origen, el resultado final es el mismo: una trama de píxeles.

En el primer ejemplo la ampliación de la imagen proveniente del escaneado de un negativo revela el tramado de elementos que forman la imagen digital.

En la segunda muestra se ha partido de la imagen tomada con una cámara digital para llevar a cabo la misma ampliación. También en éste caso se visualizan los píxeles.

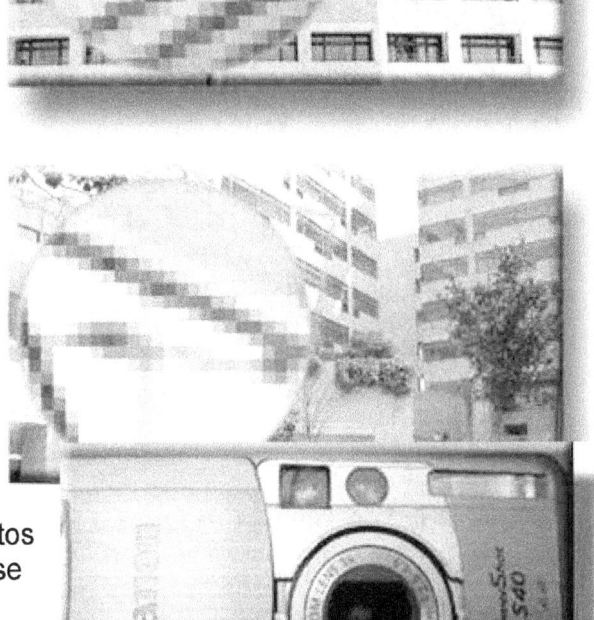

El *Escáner* y la *Cámara* son los dos medios básicos de los que disponemos para obtener fotos digitales. Ambos parten de una realidad analógica para interpretarla numéricamente, es decir, para digitalizarla. El escáner parte de una imagen analógica, ya sea ésta en papel o en película. La cámara digital parte directamente de la realidad, que siempre es analógica. Pero en ambos casos el resultado es el mismo, un archivo digital.

Gracias a la digitalización podemos combinar fácilmente archivos de diversos orígenes. Todos contienen un mismo tipo de información, imágenes descritas mediante ceros y unos, el lenguaje del ordenador.

La imagen digital se compone de una matriz de píxeles que puede observarse en el monitor, almacenarse en la memoria del ordenador, interpretarse como minúsculos puntos de tinta sobre una superficie de papel o enviarse por internet.

Como ya decíamos al hablar de los soportes clásicos, la reproducción de una fotografía se basa en la percepción de infinidad de partículas que reproducen intensidades de luz o describen intensidades tonales.

Los *píxeles* de la fotografía digital son similares a los granos de cloruro de plata de la fotografía tradicional o los puntos de tinta de la imagen impresa pero hay que generarlos.

Funcionamiento físico del detector – El pixel

Los detectores **CCD/CMOS** al igual que las células fotovoltaicas, se basan en el efecto fotoeléctrico, la conversión espontánea en algunos materiales de luz recibida en corriente eléctrica. La sensibilidad del detector CCD/CMOS depende de la eficiencia cuántica del chip, la cantidad de fotones que deben incidir sobre cada detector para producir una corriente eléctrica. El número de electrones producido es proporcional a la cantidad de luz recibida (a diferencia de la fotografía convencional sobre negativo fotoquímico). Al final de la exposición los electrones producidos son transferidas de cada detector individual (fotosite) por una variación cíclica de un potencial eléctrico aplicada sobre bandas de semiconductores horizontales y aisladas entre sí.

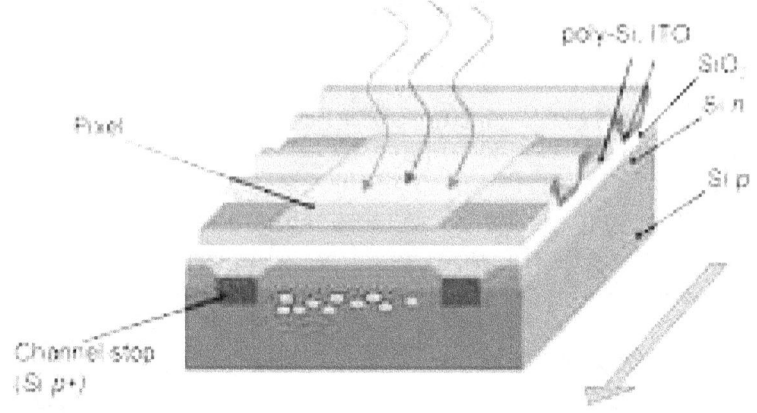

Popularmente el término CCD/CMOS nos es familiar como uno de los elementos principales de las cámaras fotográficas y de vídeo digitales. En éstas, el CCD/CMOS es el sensor con diminutas células fotoeléctricas que registran la imagen. Desde allí la imagen es procesada por la cámara y registrada en la tarjeta de memoria.

La capacidad de resolución o detalle de la imagen depende del número de células fotoeléctricas (fotodiodos) del CCD/CMOS. Este número se expresa en *píxeles*. A mayor número de píxeles, mayor resolución. Actualmente las cámaras fotográficas digitales incorporan CCD/CMOS con capacidades de hasta ciento sesenta millones de pixeles (160 megapixeles) en cámaras Carl Zeiss y en aumento y evolución cada día.

VENTAJAS:

Una de las grandes diferencias con el soporte químico es el rendimiento y la linealidad de la señal que entregan directamente proporcional a la luz incidente, sin el efecto de **reciprocidad** presente en el formato analógico. No se gasta siempre tenemos "carrete" disponible. Ha logrado que al "tirar" fotos no nos importe gastar "carrete".

INCONVENIENTES:

No todo son ventajas, uno de los problemas de los sensores digitales es la **temperatura** y su incidencia en el *ruido* generado.
A mayor temperatura mayor ruido o grano, no es extraño que un día caluroso o cuando hemos dejado la cámara en el maletero del coche, el rendimiento no sea el mismo que en pleno invierno. La *Linealidad* antes referida también puede considerarse una desventaja ya que la del ojo es *logarítmica.*

Otro y no menor, es que a diferencia de la película no se puede cambiar tan fácilmente el elemento sensible (CCD), el mantenimiento y *limpieza en el caso de la Reflex* es más complejo.

Filtro de Bayer utilizado en las cámaras digitales.

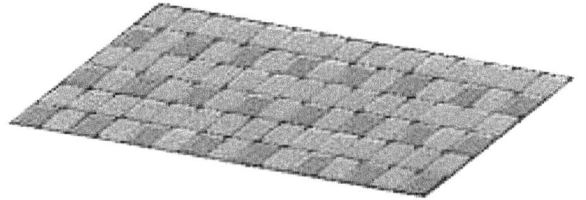

Los pixeles del **CCD/CMOS** registran tres colores diferentes: rojo, verde y azul (abreviado **"RGB",** del inglés Red, Green, Blue), por lo cual tres píxeles, uno para cada color, forman un conjunto de células fotoeléctricas capaz de captar cualquier color en la imagen. ***En realidad un sensor digital no es sensible al color***, para conseguir esta separación en colores la mayoría de cámaras CCD/CMOS utilizan una máscara de Bayer que proporciona una trama para cada conjunto de cuatro píxeles de forma que un pixel registra luz roja, otro luz azul y dos píxeles se reservan para la luz verde (el ojo humano es más sensible a la luz verde que a los colores rojo o azul).

El mosaico de Bayer se forma por un 50% de filtros verdes, un 25% de rojos y un 25% de azules, interpolando dos muestras verdes, una roja, y una azul se obtiene un pixel de color.

El resultado final incluye información sobre la luminosidad, tomada la mayor parte de la componente verde. ***Hay otra máscara tipo; Kodak-GRBW menos difundida de momento.*** →

OTROS TIPOS DE SENSORES:

Se puede conseguir una mejor separación de colores utilizando dispositivos con tres CCD acoplados y un dispositivo de separación de luz como un prisma dicróico que separa la luz

incidente en sus componentes rojo, verde y azul, el más conocido es el tipo **FOVEON X3**, usado de momento casi exclusivamente en las cámaras digitales de la marca SIGMA.

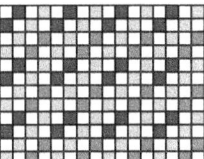

First came film — COLOR FILM contains three layers of emulsion which directly record red, green, and blue light.

Then came digital — TYPICAL DIGITAL SENSORS have just one layer of pixels and capture only part of the color.

Now there's Foveon X3 — FOVEON X3 direct image sensors have three layers of pixels which directly capture all of the color.

Técnicamente es lo más semejante a una película de color y prescinde de la máscara Bayer.

Estos sistemas son mucho más caros que los basados en máscaras de color sobre un único CCD.

Otro sistema aplicado en algunas cámaras profesionales, para usos técnicos y científicos (Astronomía, Cromatografía etc...) de alta gama utilizan un filtro de color rotante para registrar imágenes de alta resolución de color y luminosidad que una vez sumadas forman nuevamente una imagen en color; pero son productos caros y tan solo pueden fotografiar objetos estáticos.

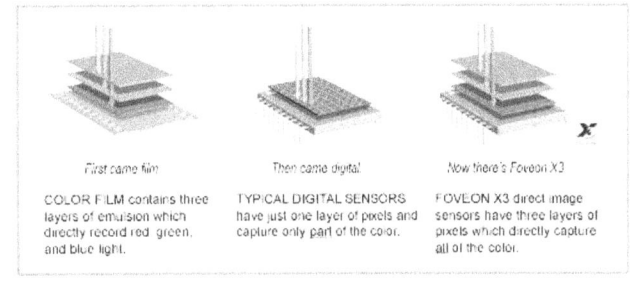

Super CCD "SR o HR" es un Sensor CCD propietario desarrollado por Fujifilm en 1999 y evolucionado en el 2003. →

SR- de "Super dynamic Range" (rango super-dinámico).
HR - viene de "High Resolution" (alta resolución)

3. La Imagen Digital - Profundidad de píxel, profundidad de color, profundidad de bit, temperatura de color.

La profundidad de color de una imagen se refiere al número de colores diferentes que puede contener cada uno de los puntos, o pixeles, que conforman un archivo gráfico.

Supongamos inicialmente una imagen en blanco y negro.

Habitualmente son suficientes 256 tonos de gris para reproducir correctamente una imagen de este tipo. Mediante un programa de edición gráfica como Photoshop podemos visualizar cómo la tabla de colores de la fotografía contiene 254 tonos de gris, más el blanco y el negro.

¿Por qué 256 tonos y no 250 o 320? No se trata de un número arbitrario sino de un valor que se deriva de la forma cómo se estructura la información digital. Se trata de las 256 combinaciones posibles que permite una cadena de 8 dígitos.

Veámoslo.

En primer lugar recordemos que una información está digitalizada cuándo se describe mediante dígitos. Es decir mediante ceros y unos. Ya se trate de imagen, música, caracteres tipográficos o vídeo, cualquier información digitalizada es en el fondo un conjunto de cadenas de Os y Is. Los 256 tonos de gris posibles provienen de combinar cadenas de 8 dígitos. Las series de ocho elementos posibles obtenidas de combinar ceros y unos son 256. En este caso estamos hablando de una profundidad de píxel de 8 bits. Valga decir que profundidad de píxel, resolución de píxel o profundidad de bit son nociones equivalentes.

Para la reproducción de una fotografía en blanco y negro una profundidad de 4 u 8 bits es suficiente.

No obstante cuando trabajamos en color se hace necesario incrementar el número de combinaciones posibles. La imagen que obtenemos mediante una cámara digital o a partir de un escaneado contiene normalmente algo más de 16.000.000 tonos de color. Un valor ciertamente elevado, pero que guarda una estrecha relación con los 256 tonos de los que hablábamos antes.

PROFUNDIDAD DE COLOR (nº datos ó bits por pixel)	TONOS (COLORES) POSIBLES	Comentario
1 (bit por pixel)	2 tonos (2^1)	• Arte Lineal (B&N) • (Modo Mapa de Bits)
4 (bits por pixel)	16 tonos (2^4)	• Modo Escala de Grises
8 (bits por pixel)	256 tonos (2^8)	• Modo Escala de Grises -8x1 = 8) • Modo **Color Indexado** • la cantidad estándar de colores que admiten los formatos GIF y PNG-8 así como muchas aplicaciones multimedia.
16 (bits por pixel)	65.536 tonos (2^{16})	• *High Color*
24 (bits por pixel)	16.777.216 tonos (2^{24})	• **True Color** (relacionado con qué el ojo humano puede distinguir un máximo de 16 millones de colores) • (Modo RGB -8 bits por canal-)(8x3=24) • Modo Lab -8 bots por canal- (8x3=24)
32 (bits por pixel)	4.294.967.296 tonos (2^{32})	• (Modo MCYK)

Profundidad de color y Photoshop:

Photoshop puede soporta hasta 16 bits por píxel en cada canal. Esto proporciona distinciones más sutiles de color, pero puede tener un tamaño de archivo dos veces superior al de una imagen de 8 bits por canal; Además no estarían disponible para todas las herramientas de Photoshop. Así que lo normal es que, por ejemplo, una imagen RGB de 24 bits tendría 8 bits por píxel en cada uno de los canales (rojo,verde y azul).

De todos modos, con 32 bits por píxel también se siguen utilizando 24 bits para la representación del color. Los 8 bits restantes se utilizan para el canal alfa.

Este canal alfa es un valor independiente del color que se asigna a cada pixel de la imagen cuando esta se codifica en un formato de 32 bits.

> El canal alfa se utilizan para definir el **grado de transparencia** de cada punto de la imagen.
>
> ▶ Un valor **0** indica que el punto es **totalmente transparente**.
> ▶ Si el valor es de **255**, el punto será **totalmente visible**.

Volvamos a las inmediaciones del Círculo Polar Ártico para buscar una nueva imagen de las Islas Lofoten. En este caso una tomada a las doce de la noche en pleno esplendor del sol de medianoche.

La imagen está formada por tres canales de color, uno con la información de la luz roja, otra con la de la luz verde y otro con la de la luz azul. En este caso hablamos de una *imagen RGB*.

La combinación de los tres valores en cada uno de los pixeles de la fotografía origina los tonos de la fotografía.

Normalmente las cámara digitales y en especial las compactas usan una variante denominada sRGB que es una digamos "reducción" de calidad con el fin de que la imagen **"pese"** menos y sea más fácil de procesar, en el siguiente apartado veremos sus diferencias y utilidades.

Recordar que es vital para que los colores sean representados de forma adecuada, el - *espacio de color* – ha de ser el mismo en todos los dispositivos, para que no pase que una foto que la vemos muy bien en el monitor, impresa resulte un desastre.

Ya lo veremos más adelante.

FORMACION DE LA IMAGEN DIGITAL:

En la imagen anexa, vemos algunos de los elementos descritos anteriormente.

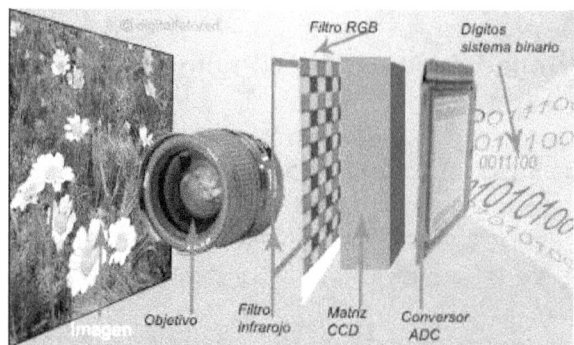

La trayectoria que sigue la cámara para formar la imagen digital es la siguiente:
La luz que detectada por el objetivo de la cámara llega hasta el sensor de imagen, CCD/CMOS formado por los receptores fotosensibles denominados "fotodiodos".

Previamente a pasado por un **Filtro Infrarrojo** y seguidamente por la **Máscara Bayer**

La luz incidente genera una pequeña señal eléctrica en cada receptor y posteriormente, esta señal será transformada en datos digitales por el **conversor ADC**, como una serie de cadenas de números (ceros y unos), denominados dígitos binarios.

Después de un determinado tiempo de exposición a la luz (tiempo de integración, variable y a partir de 1/6000 segundos aprox.) un circuito adecuado va "leyendo" los píxeles, uno a uno de manera ordenada y secuencial, por el procedimiento de ir "corriendo" o desplazando las cargas acumuladas en cada uno de los píxeles, como drenando el sensor.

Cuando se han leído todos los píxeles otros circuitos dirigen estas cargas de tal modo que pueden reconstruir una imagen, en base al siguiente convenio: alto número de cargas son *zonas brillantes*, bajo número de cargas *zonas oscuras*.

Después, las cargas eléctricas se convierten en valores digitales de 0 a 16 millones, dependiendo de las prestaciones de número de bits que sea capaz de interpretar la cámara, a esto se le llama *"profundidad de color"* tal como hemos visto.

Cuanto mayor sea la profundidad de bit en una imagen (esto es, más bits de información por píxel), más colores habrá disponibles y más exacta será la representación del color en la imagen digital.

CONVERSION DE LA IMAGEN A DIGITAL... la magia.

El proceso de conversión de la señal eléctrica del fotodiodo (analógica) a un modo (digital) que permita el procesamiento de la información, está a cargo de un **CONVERSOR ANALOGICO/DIGITAL o ADC.** Una señal analógica es aquella que puede tomar una infinidad de valores (frecuencia y amplitud) dentro de un límite superior e inferior.

En cambio, una señal digital es aquella señal cuyas dimensiones (tiempo y amplitud) no son continuas sino discretas, lo que significa que la señal necesariamente ha de tomar unos determinados valores fijos predeterminados, estos valores fijos se toman del sistema binario – digital.

Es lo que permitirá el posterior procesamiento de la imagen, ya digital, en nuestro PC etc...trabajar con la profundidad de color, espacio de color, copiar, ampliar etc... etc...

Diferencias entre RGB, sRGB y CMYK

El código RGB (rojo, verde, azul), desarrollado por la Comisión Internacional de Iluminación (Commission Internationale de l'Eclairage, CIE) consiste en la representación del espacio de color a partir de tres rayos monocromáticos, con los siguientes colores:

* rojo (con una longitud de onda de 700,0 nm),
* verde (con una longitud de onda de 546,1 nm),
* azul (con una longitud de onda de 435,8 nm).

Este espacio de color corresponde a la forma en que los colores generalmente se codifican en un equipo, o más precisamente, a la forma en que los tubos catódicos *(TCR)* de la pantalla del equipo representan los colores, para las pantallas *TFT* no es exactamente válido.

El Espacio de color Adobe RGB es un espacio de color RGB desarrollado por Adobe Systems en 1998. Fue diseñado con el objetivo de reproducir lo mejor posible el espacio de color CMYK, usado en impresión, pero desde un espacio de color RGB usado en monitores de ordenador o cámaras digitales. El espacio de color Adobe RGB reúne cerca del 50% de los colores visibles especificados en el espacio de color Lab, mejorando el *gamut* del espacio de color *sRGB* principalmente en los tonos verde-cyan.

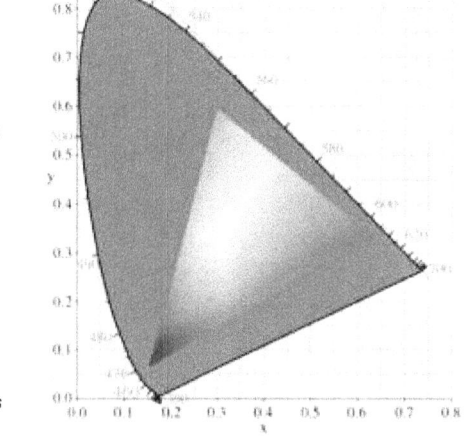

Un típico CRT de la gama.
El color gris en forma de herradura abarca toda la gama posible. El triángulo de color es la gama disponible en un típico monitor de computadora y no cubrirán todo el espacio. Las esquinas del triángulo son los colores primarios para esta gama, en el caso de un CRT, dependen de los colores de los fósforos del monitor. En cada punto, el más brillante posible, de color RGB de cromaticidad que se muestra, lo que resulta en la brillante "banda de Mach" franjas correspondientes a los bordes del cubo de color RGB.

El modelo *RGB* propone que cada componente de color se codifique en un byte, que corresponde a 256 intensidades de rojo (28), 256 intensidades de verde y 256 intensidades de azul. De esta manera, hay 16777216 posibilidades teóricas de colores diferentes, es decir, muchas más de las que el ojo humano puede distinguir (aproximadamente 2 millones). No obstante, este valor es sólo teórico porque depende en gran medida del dispositivo de visualización que se utilice.

sRGB es realmente una especie de "mínimo-mínimo" común denominador, que permite que -más o menos- nuestras imágenes se vean igual en cualquier navegador de Internet y en cualquier monitor, aunque no estemos dentro de un software *"consciente del color"*. resulta que los espacios de color de los monitores suelen ser muy similares al espacio de color sRGB.

sRGB abarca grosso modo la misma gama de colores que pueden representar la mayoría de monitores, por lo que compartir imágenes en la Web en sRGB viene a ser una apuesta segura.

Gamut: En la reproducción del color, incluyendo gráficos y fotografías, es la gama de color, o la gama de un subconjunto completo de colores.

Conclusión resumida:

* Si no queremos complicarnos la vida, ni comprar un sistema de calibración del monitor, y sólo pretendemos usar las fotos en Internet (o imprimirlas en laboratorios), utilizaremos sRGB. Es un mínimo-mínimo común denominador que asegura que lo que veamos en el monitor, lo que vean los demás en sus respectivos monitores, y lo que te devuelvan impreso en el laboratorio tendrá -más o menos- el mismo aspecto.

* Si queremos tener un mayor control lo que vemos en todo momento, si nos hemos animado a calibrar el monitor, y además de publicar las fotos en Internet queremos imprimirlas - ya sea en laboratorios o en casa -, utilizaremos Adobe RGB.

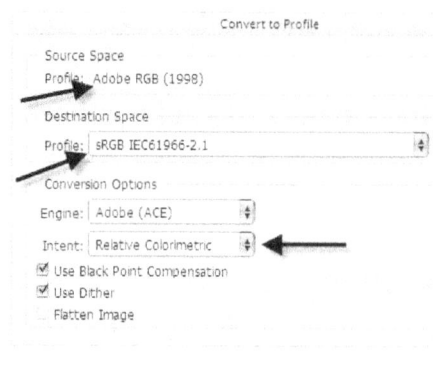

Con **Adobe RGB** partiremos siempre de una gama de colores más amplia, y no perderemos nada. Siempre estamos a tiempo de convertir el perfil de la imagen a sRGB en función del uso que necesitemos darle, *pero perderemos aquellos colores que estén fuera de gamut de sRGB.*

Pero hay que tener presente que es imposible la función inversa, no podemos pasar de sRGB a Adobe RGB.

* Pero el uso de **Adobe RGB** como espacio de trabajo presenta otra ventaja cuando lo combinamos con un gran invento: el formato **RAW**. Aunque el espacio de color Adobe RGB no nos ofrezca más colores que sRGB, el formato RAW sí que nos ofrece más colores: tendremos 16 bits en lugar de 8 bits de información, por lo que se rellenarán esos "saltos" de un color a otro en ese espacio más amplio de Adobe RGB.

Modo COLOR CMYK

CANALES: Utiliza 4 canales. Para cada canal necesitamos 8 bits, con lo que estas imágenes tendrán 32 bits de profundidad de color.

> Ofrece una imagen cuatricromática, compuesta de los 4 colores primarios para impresión: Cyan (C), Magenta (M), Amarillo(Y) y Negro(K).

CONFIGURA COLOR: El modelo de color CMYK es sustractivo: la adición de todos los colores primarios, produce el negro. Esto es los colores se obtienen por acumulación de tinta *cian*, *magenta,amarillo* sobre un fondo *blanco*.

USO: Este modo sólo es operativo en sistemas de *impresión industrial* y en las publicaciones de alta calidad, ya que exceptuando los escáneres de tambor que se emplean en fotomecánica, el resto de los digitalizadores comerciales trabajan en los modos RGB y sRGB antes referidos.

El proceso de convertir una imagen RGB al formato CMYK crea una *separación de color*.
En preimpresión e imprenta, es la preparación del material fragmentando sus componentes de color en las pocas tintas (usualmente cuatro) con las que se imprimirá el trabajo.

En general, es mejor convertir una imagen al modo CMYK después de haberla modificado. Modificar imágenes en modo RGB es más eficiente porque los archivos CMYK son un tercio más grandes que los archivos RGB.

La temperatura del color:

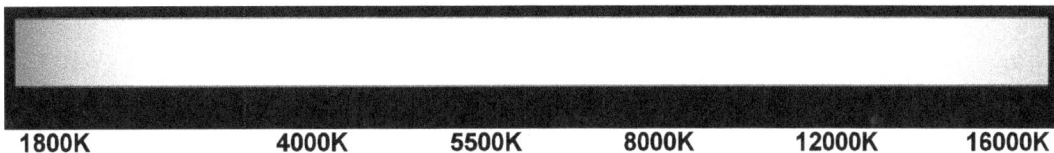

| 1800K | 4000K | 5500K | 8000K | 12000K | 16000K |

Podríamos definir **temperatura de color** como la dominancia de alguno de los colores del espectro lumínico sobre los demás, de modo que altera el color blanco hacia el rojo o hacia el azul en dicho espectro.

Se mide en grados Kelvin, según una norma que sitúa en 5.500 °K la luz del día teóricamente perfecta. Para días nublados, la temperatura del color sube (se produce una dominancia del azul) hasta los 12.000 °K, mientras que en el interior de una casa con iluminación artificial esa temperatura baja a unos 2.500 °K, con una dominancia del rojo.

* 1700 K: Luz de una cerilla
* 1850K : Luz de vela
* 2800 K: Luz incandescente o de tungsteno (iluminación doméstica convencional)
* 5500 K: Luz de día, Flash electrónico (aproximado)
* 5770 K: Temperatura de color de la luz del sol pura
* 6420 K: Lámpara de Xenón
* 9300 K: Pantalla de televisión convencional
* 28000 - 30000 K: Relámpago

De hecho, la temperatura de color de la luz durante el día varía según el momento del día en que nos encontremos y las condiciones atmosféricas. Suele ser de color rosa por la mañana, amarillenta a primera hora de la tarde, anaranjada en la puesta de sol, y azulada al caer la noche.

Normalmente, las cámaras digitales tienen una opción de configuración que permite indicar distintos modos de **balance de blancos**, que varían la manera por la cual se percibe la temperatura del color, ajustando los niveles de los colores básicos (RGB - Red, Green, Blue), en función de distintas situaciones como pueden ser fotografías a la luz del día con días soleados, días nublados, iluminación artificial por bombillas incandescentes (Tungsteno), o luz fluorescente.

El color luz: Los bastones y conos del órgano de la vista, el ojo, se encuentran organizados en tres elementos sensibles. Cada uno de estos tres elementos va destinado a cada color primario, al rojo, verde y azul. Los demás colores complementarios, los opuestos a los primarios, son el cyan, el magenta, y el amarillo.

Círculo de colores, los colores diametralmente opuestos son los denominados 'colores complementarios'

El color pigmento: Todas las moléculas denominadas pigmentos, tienen la facultad de absorber ondas del espectro y reflejar otras.

Color Primario: Que NO puede crease mediante la combinación/es de otros colores.
Color Secundario: Que puede crearse con sólo dos de los colores primarios mezclados al 50%.
Colores Complementarios:
  ▪ rojo y cian (rojo cian) (donde el cian se entiende como una mezcla óptica entre el azul y el verde)
  ▪ verde y magenta (verde magenta) (donde el magenta es una mezcla de rojo y azul)
  ▪ azul y amarillo (azul amarillo) (donde el amarillo es una mezcla entre el verde y el rojo)

4. La imagen Digital II - Canales de color.

Observemos cómo existen tres canales de color en el archivo visualizando la paleta de canales en un programa de edición gráfica como Photoshop.

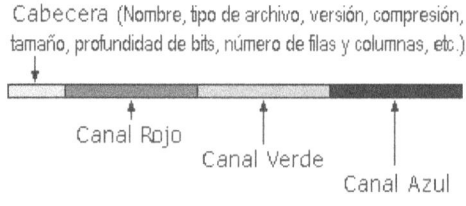

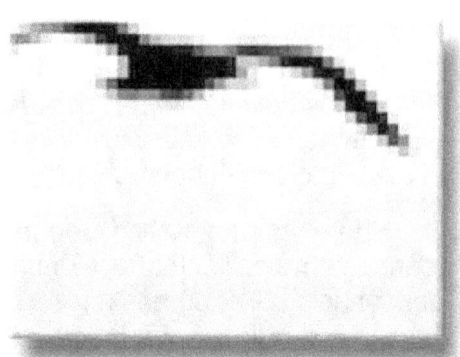

En cada uno de estos canales se describe la información con una profundidad de píxel de 8 bits, de este modo tenemos 256 combinaciones para describir cada una de las luces primarias que se representan en cada píxel.

Es decir 256x256x256 = 16.777.216 de colores.

En la paleta de canales observamos los tres que constituyen el archivo.

RGB = Los tres canales juntos

Red = Canal del color Rojo
Green = Canal del color Verde
Blue = Canal del color Azul

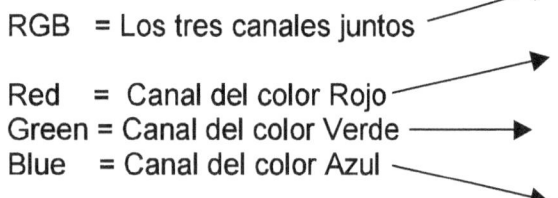

La combinación de tres canales de color con 256 posibles tonos en cada uno de ellos origina una imagen de más de 16.000.000 de colores. Es lo que se denomina color real. La paleta correspondiente contiene la amplia gama de tonalidades de color.

En lugar de los tonos discretos que veíamos en el ejemplo del archivo en blanco y negro aquí nos encontramos con un continuo cromático.

También habrá un canal opcional llamado **Alfa**. Este canal representa los valores de transparencia de cada píxel de su imagen.

Pueden editarse independientemente cada uno de los canales de color, con el software adecuado, Gimp, PaintShopPro, Photoshop etc...

Saturación de color: En el paisaje, la saturación de color de los planos nos determina igualmente la profundidad. Así, los objetos o motivos en primer término aparecerán saturados, y aquellos en último plano aparecerán menos saturados por la distancia (este efecto se genera por diversos factores climatológicos como las brumas, nieblas o cualquier otra condensación en el aire).

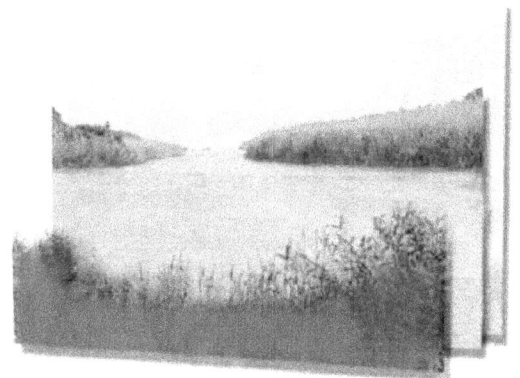

El color en fotografía (y en general) podemos definirlo por tres variables:

Matiz: Cuando hablamos de matiz, hablamos de lo que conocemos comúnmente como color. Es decir, un objeto puede tener un matiz azul, verde, rojo, etc... El **Tono** estaría ligado con la Saturación y el Brillo.

Saturación: La saturación de color es la cantidad de más o menos color de un objeto. Un objeto desaturado tiende a unos tonos sucios, mientras que el color muy saturado es vivo. La saturación puede indicar planos de profundidad (más saturado=cercano), como vemos en muchos paisajes. En la imagen podemos ver tres circunferencias poco saturadas, más saturada y muy saturada (de izquierda a derecha).

Brillo: El brillo en el color es la cantidad de luz que refleja. Así, si recibe mucha luz y la refleja, es lo que conocemos como un tono "claro", o al contrario un tono "oscuro". Como decía antes, ese tono va a crear la sensación de profundidad de los objetos.

El tono: El tono determina el volumen de los objetos, con lo que define la profundidad. El tono está comprendido entre la luz y la oscuridad, pasando por todos los matices entre ambos extremos. Solemos decir, es brillante, es oscuro etc... Como decíamos está ligado al Brillo y la Saturación. Tono claro... Tono oscuro.

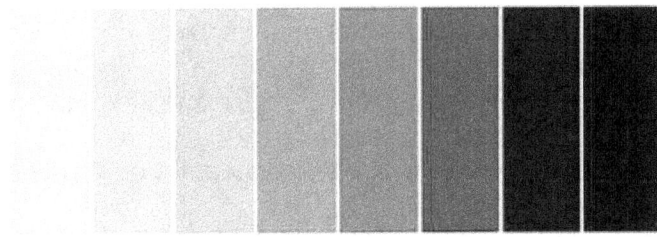

Luz   Oscuridad

5. AJUSTE O COMPENSACION DE BLANCOS:

El color que vemos en un objeto u entorno, es el resultado de la luz reflejada y la luz absorbida resultando que algo es rojo simplemente al reflejar ese color y absorber todos los demás.

Es blanco si refleja todo el espectro y negro si no refleja ninguno y los absorbe todos.

Eso es así siempre y cuando esté iluminado por una luz perfecta que comprenda todo el rango cromático al que estamos habituados, es decir la luz del Sol, si la fuente de luz es de otra naturaleza y otro rango cromático, ¡ simplemente el rojo no se verá como rojo...!.

Es por ello que se inventó para la fotografía *LA COMPENSACIÓN DE BLANCOS* y es como tenemos para decirle a nuestra cámara que luz es la dominante, si el Sol, la Fluorescente, Incandescente, Flash etc... o si está Nublado o si estamos a la Sombra.

Esta compensación se ajusta de tal forma que según el tipo de luz incidente en un objeto perfectamente blanco, siempre resulte blanco, con lo cual un objeto rojo seguirá viéndose en rojo, el verde se verá verde etc...

Supongo que todos nos habremos fijado que los colores a la luz de una farola de lámpara de sodio (por ejemplo) no tienen ninguna semejanza con los mismos color a la luz del día.

El balance de blancos en las cámaras digitales

La mayoría de las cámaras digitales trae incorporado al menos un sistema de balance de blancos automático, lo que hace este sistema es ajustar la parte más brillante de la escena para que aparezca como color blanco, y la menos brillante como negro. No siempre el resultado es el deseado.

Modos del balance de blancos

Algunas cámaras digitales disponen de configuraciones del balance de blancos con valores por defecto que se pueden seleccionar en sus menús. Estas configuraciones de balance de blancos suelen ser las siguientes:

• **Interiores o tungsteno:** Se ajusta el balance de blancos asumiendo que se encuentra en un espacio iluminado por luz incandescente (bombillas) o halógena.
• **Soleado:** Se ajusta asumiendo que se encuentra en el exterior con un tiempo soleado o nublado de gran luminosidad.
• **Nublado:** Se ajusta asumiendo que se encuentra en el exterior en condiciones de sombra o de cielo muy cubierto.
• **Fluorescente**: Se ajusta asumiendo que se encuentra en un espacio iluminado por luz fluorescente.
• **Flash**: Se ajusta a la luz emitida por un Flash fotográfico.

Estas opciones son mejores que el uso automático, pero todavía tendremos problemas con los términos medios, durante el amanecer o el atardecer, en que la luz del sol debe atravesar una mayor longitud en las capas de la atmósfera que envuelven la tierra. Esto modifica la coloración de la luz, la cual pocas veces notamos ya que nos es demasiado cotidiano.

En estos casos es muy útil disponer de un modo de ajuste manual del balance de blancos.

Ajuste manual del balance de blancos

El ajuste manual del balance de blancos en las cámaras digitales actuales es bastante sencillo. Basta con enfocar un objeto de color blanco (un papel, por ejemplo) y pulsar el botón de calibración de blancos.

De este modo la ganancia de las tres componentes de color se ajustará automáticamente para dar el mismo nivel de señal **bajo estas condiciones de iluminación**, obteniendo de este modo en nuestra imagen unos colores próximos a los reales de la escena fotografiada.

Carta para el ajuste manual del equilibro de blancos. ⟶

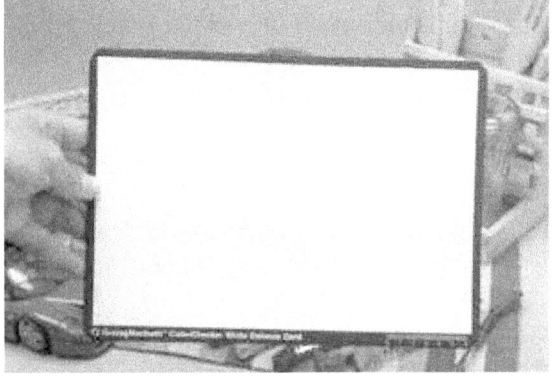

Toma de una lectura manual, con la carta de equilibrio de blancos, al realizar fotografías en una exposición en El Prado, exposición sobre Goya y la guerra. (Foto de La Vanguardia)

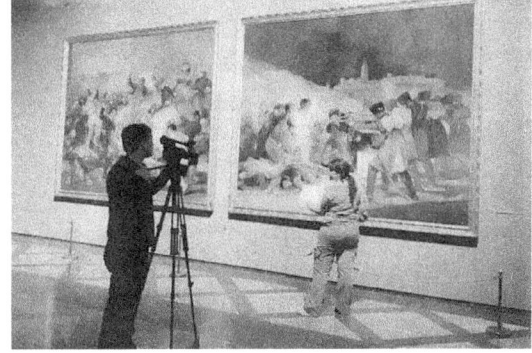

6. La cámara digital

La cámara digital combina las opciones de la cámara fotográfica tradicional con recursos propios de la electrónica y con funcionalidades derivadas de la tecnología digital. Con frecuencia, el aspecto y las funciones son tan distintas de los aparatos fotográficos tradicionales que resulta difícil encontrar la analogía entre ambos sistemas. Así, no es infrecuente que el fotógrafo acostumbrado a utilizar un equipo clásico no se encuentre cómodo con el habitual retraso en el disparo de las cámaras digitales. Por otra parte, el usuario que accede a la cámara digital como una extensión más de su equipo informático no acaba de entender la relación existente, por ejemplo, entre una imagen movida y un valor 4 en el menú de obturación.

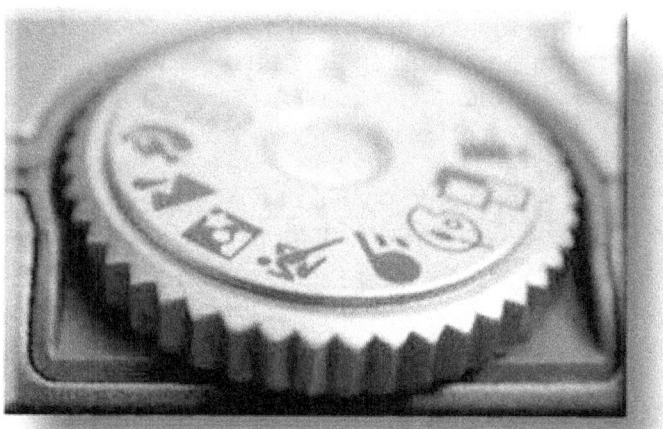

Partiendo de puntos de vista e interés tan diversos como son los mundos de la fotografía y de la informática abordaremos la descripción de la cámara con una perspectiva integradora. Será preciso entrar en un conjunto de menús y opciones más propios de un ordenador que de su vieja cámara. Será necesario que el usuario que llegue al mundo de la fotografía a partir de la informática se familiarice con nociones quizás nuevas para él, pero hartamente conocidas en los ambientes fotográficos.

Los aspectos y formas de las cámaras digitales son diversos, pero existe en todos ellos un conjunto común de mecanismos y funciones.

Tomaremos una Nikon Coolpix 4500 para la descripción de las funciones de un modelo digital compacto medio.

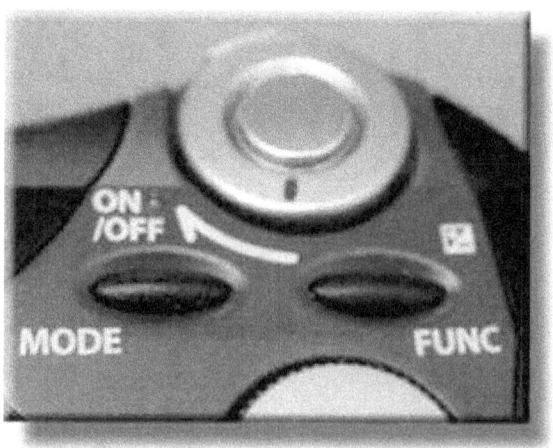

En primer lugar accionamos el conmutador que la pone en marcha. Por defecto se coloca en función de tomar imágenes. En este sentido activar su funcionamiento se corresponde con lo que pasa con los modelos analógicos: podemos abrir la cámara y disparar.

Pero cualquier cámara digital presenta una diferencia clara con las de negativo. Se trata de la posibilidad de visionado de la imagen que se acaba de tomar o de las fotografías almacenadas en la tarjeta.

Según los modelos varía la forma de acceder a esta función, pero en todas existe un modo de hacerlo.

Hay un segundo elemento que supone otro cambio diferencial de la cámara digital respecto de la analógica. En ésta únicamente se dispone del visor para encuadrar y controlar la toma. En la digital, en cambio, el visor se complementa con una pantalla de cristal líquido que aparte de controlar la composición y la luz da acceso a funciones y menús y permite visionar el trabajo realizado.

Esta pantalla ofrece informaciones distintas cuando la cámara se encuentra en posición de toma de imágenes o en posición de visionado. Incluso dentro de cada uno de estos modos las opciones de información son diversas. Cada modelo presenta una forma propia de conmutar las funciones de tomar imágenes y de proceder a su visualización. La imagen siguiente corresponde al botón de control de una Sony 707. El icono de cámara, en verde, coloca la cámara en función de captar fotografías. El símbolo de play permite visualizarlas una vez almacenadas en la tarjeta.

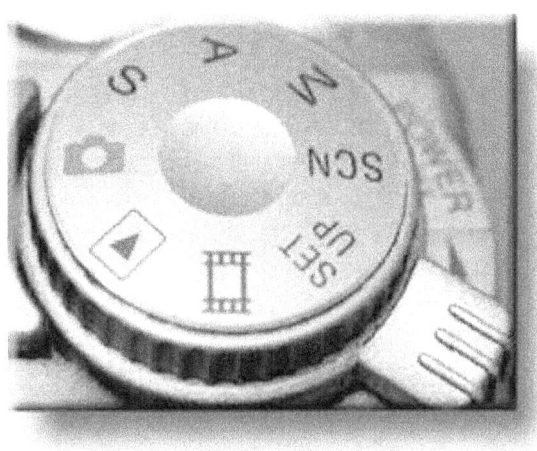

Despieze de la cámara Reflex digital Canon 350D de 8 Megapixels

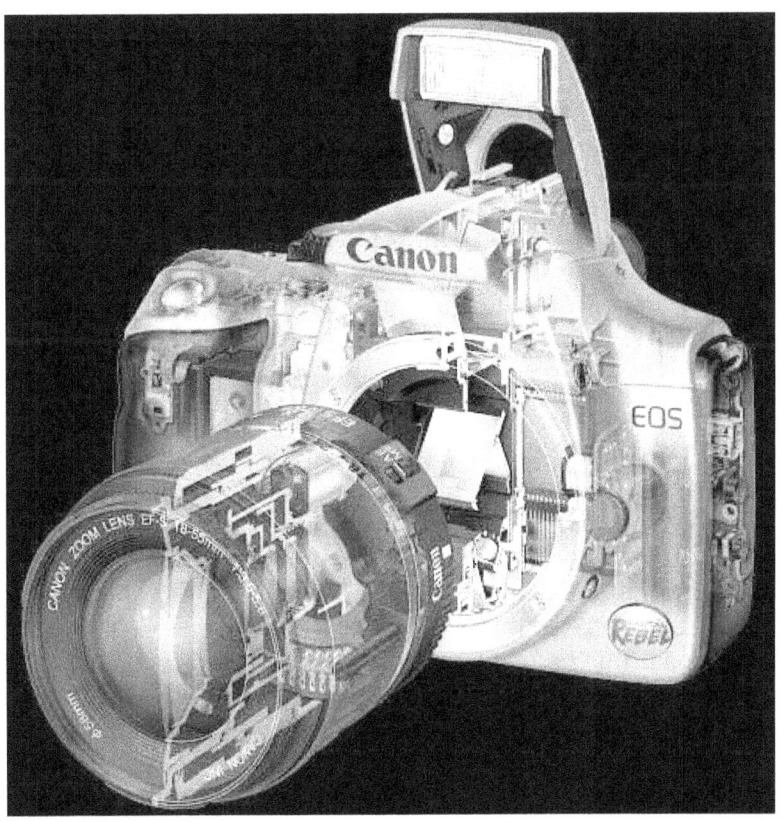

7. Información del visor electrónico

Cámara Compacta: Habitualmente existen diversos modos de funcionamiento, pero por defecto en todos los modelos se encuentra una posición de automático. Analizamos la información que nos muestra la pantalla en ella.

En la pantalla observamos los siguientes elementos

El indicador de la posición de **auto**. Indica que la medida de la luz, el ajuste de la temperatura de color y las operaciones de enfoque son controladas de forma autónoma por la cámara.

El valor de **1/250** Corresponde al valor de la velocidad de obturación a la cuál se disparará la fotografía

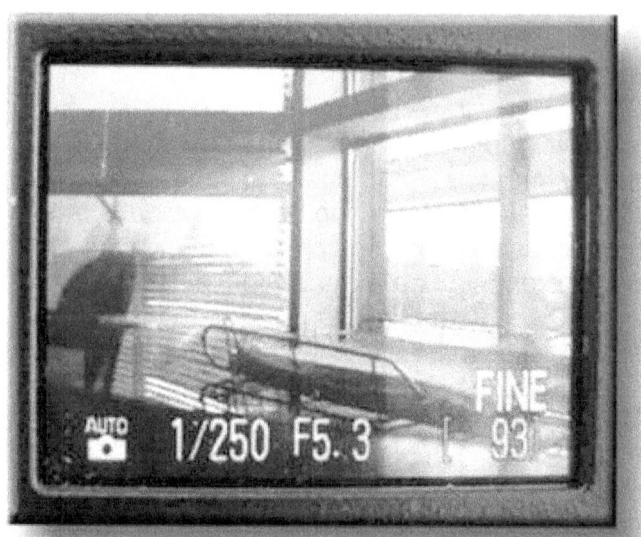

El valor de **F 5.3** Representa el valor de abertura del diafragma. La interpelación entre el diafragma y la velocidad de obturación es la que controla la exposición correcta en función de la luz existente. *Lo ampliaremos más adelante.*

La indicación **FINE [93]** Corresponde a la indicación de la calidad del archivo (número de píxeles de la foto) en el que se guardará la fotografía, y al número de fotografías que en base a la resolución seleccionada en este momento caben en la tarjeta de memoria existente. En este caso concreto, Fine indica que la imagen se guardará en formato JPG y que es posible realizar aún 93 fotos con este formato en la tarjeta.

Iniciaremos la descripción de la cámara digital analizando estos parámetros con mayor detalle. Más allá de comentar la información que se halla habitualmente en los manuales de instrucciones intentaremos relacionar la cámara digital con las necesidades e intereses del fotógrafo. Así, abordaremos la descripción basándose en dos grandes conjuntos de nociones:

En primer lugar a las relacionadas con la óptica utilizada. De ésta se derivan cuestiones como el ángulo visual y la perspectiva, el enfoque, el foco selectivo y la profundidad de campo.

En segundo lugar encontramos los temas relacionados con el control de la luz. Éste se lleva a cabo a partir de los dos elementos clásicos de cualquier cámara: el diafragma y el obturador. De la óptima combinación de ambos se obtiene la exposición correcta, pero también aspectos como la congelación del movimiento, la trepidación de la imagen o la profundidad de campo.

La profundidad de campo no es un concepto simple. Depende de la óptica y diafragma utilizados y la distancia a la que se encuentra el motivo, más adelante volvemos al tema.

A partir de la descripción de estos dos grandes bloques temáticos iremos describiendo sus posibilidades.

La cámara digital aporta sus propias potencialidades al acto fotográfico.

Abre nuevas perspectivas y facilita tareas en muchas ocasiones, aunque también es cierto que en otras presenta limitaciones respecto a las clásicas cámaras analógicas pero cada vez la distancia se acorta y prácticamente ha desaparecido.

Enseguida observamos cómo esta pantalla ofrece informaciones distintas cuando la cámara se encuentra en posición de toma de imágenes o en posición de visionado. E incluso dentro de cada uno de estos modos las opciones de información son diversas, como podemos observar en el cuadro que sigue a continuación.

Cámara Reflex: Se diferencia en que al contrario que las "compactas" el encuadre de la imagen se realiza por medio de un visor que transmite en directo la imagen formada por el objetivo de la cámara.

Ahora se dispone de cámaras Reflex con visón directa a la pantalla que se denomina función "Live View" (vista en vivo) ha sido pionera Olympus y en encuadre e información es prácticamente igual a las compactas.
Esta es la imagen mostrada en el visor interno de la cámara, vemos los puntos de enfoque, velocidad, diafragma, etc...

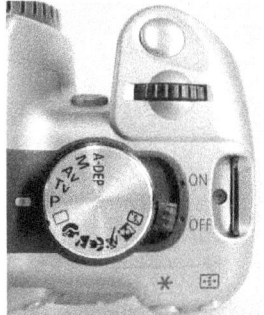

Interruptor On/Off.
Rueda de modos, botón de disparo, selector valores velocidad/diafragma etc...

Una cámara Reflex permite un control más amplio sobre los parámetros de la toma, básicamente al permitir el intercambio de los objetivos con lo que podemos seleccionar los más adecuadas al caso desde un Zoom de 500mm (o más) un objetivo Macro 1:1 de 90mm pasando por uno de 50mm f 1,4 muy adecuado para retrato.

La otra gran diferencia es el tamaño de los sensores, son más grandes, por tanto generan menor ruido a igualdad de resolución que una Compacta o Bridge.

LIMPIEZA DEL SENSOR: Algunas cámara Reflex empiezan a integrar sistemas automáticos de limpieza del sensor, en esto ha sido pionera la marca Olympus, le ha seguido Canon y Sony de momento.

La operatoria y funcionamiento de una cámara Reflex, difiere bastante de una compacta y cada una tiene sus particularidades, si bien una Reflex es un plus de capacidad y calidad en la realización de una foto.

8. Posición de toma de imágenes

En la toma de imagen se muestran los valores de obturador y diafragma a los que se disparará la fotografía. También se presenta información respecto de la sensibilidad, el uso y características del Flash. Por otra parte se relaciona también la calidad a la que se capta la imagen y el número de fotografías que caben en la tarjeta.

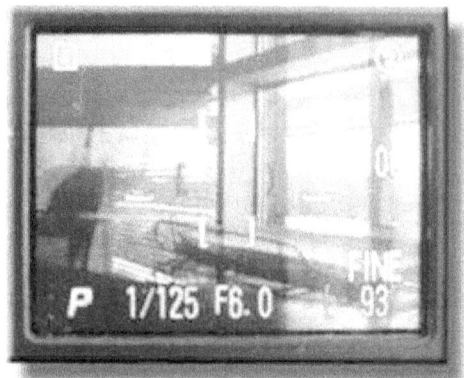

(P) Programa, la cámara selecciona los mejores ajustes para la toma, pero permite que el fotógrafo los modifique.

(M)manual Pantalla del visor de la cámara con el modo de funcionamiento. El fotógrafo tiene la total libertad de decidir la velocidad de obturación y abertura del diafragma.

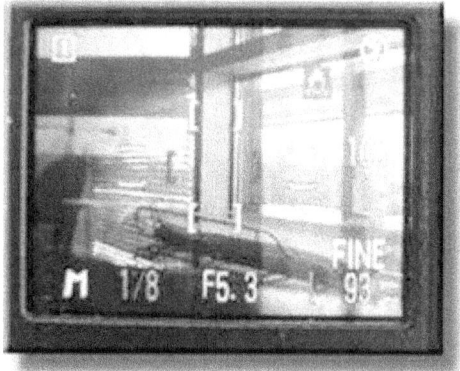

(AV) AberturaValor, es decir el usuario ajusta la abertura, el diafragma que desea y la cámara automáticamente ajusta la velocidad para que la toma quede compensada.

(TV) TiempoValor, es decir podemos seleccionar la velocidad de disparo y la cámara automáticamente ajustará el diafragma que mejor se adapte al disparo.

(A-DEP) Auto-depth of field – Profundidad de campo automática, es un sistema programado para lograr la mayor profundidad de campo posible.

ZONA CREATIVA: Suele ser una serie de situaciones pre-configuradas como, Deporte, Macro, Paisaje, Retrato etc...

Nota: En algunas marcas esta definición es justa al revés.

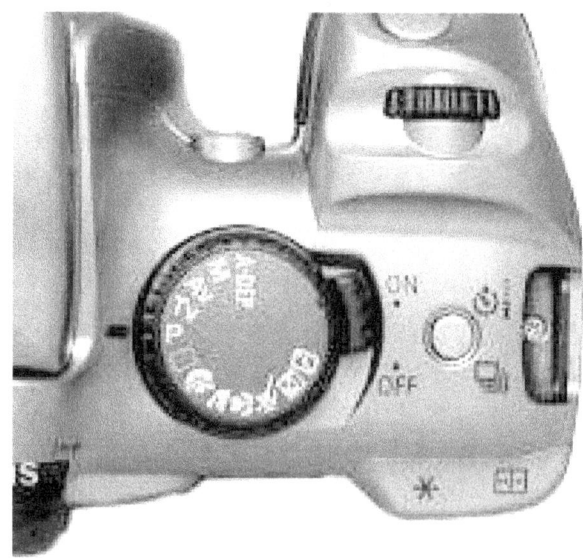

9. Posición de visionado

En la posición de visionado se puede acceder a un amplio conjunto de datos que se guardan junto con las imágenes. Así, aspectos como el tipo de archivo, el número de fotografía tomada con la cámara desde su inicio, los valores de diafragma, obturación o el tipo de medida de la luz usada quedan archivados conjuntamente con el archivo.

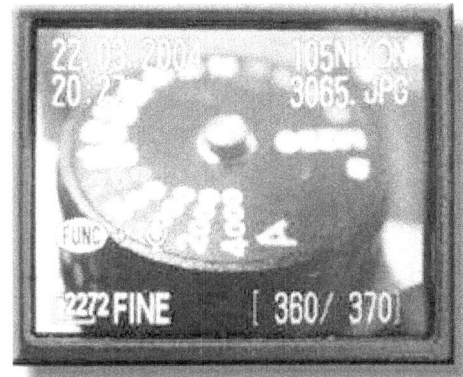

Se trata de una información altamente interesante en la revisión o catalogación posterior del trabajo. El fotógrafo siempre puede revisar las condiciones en las que tomó la imagen y analizar en profundidad la relación entre las condiciones técnicas y el resultado estético que buscaba.

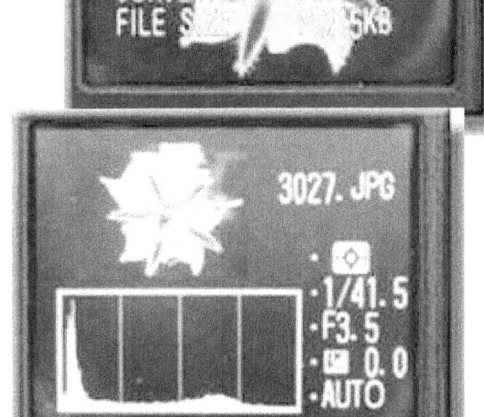

La visualización del *histograma* de cada fotografía representa una ayuda inestimable en el análisis de las características de luz y contraste de las fotografías tomadas. Analizar el histograma de las fotos tomadas permite asegurar que la exposición es correcta. Con frecuencia la apreciación visual a través del visor no es del todo fiable.

El Histograma:

Un gráfico estadístico de la luz.

Como si de un gráfico de columnas se tratase, el histograma nos muestra una serie de 256 líneas verticales alineadas en su extremo inferior, representativas de la cantidad de píxeles que hay en una imagen por cada valor de luminosidad. En el extremo izquierdo está el valor 0 (negro) y en el derecho el 255 (blanco), como indica la barra de degradado que suele acompañarlo.

Su anchura suele adaptarse a 256 píxeles en la pantalla. Su altura máxima varía con los programas, pero es fija y se hace corresponder al grupo de píxeles más numeroso, adaptando el resto de las columnas proporcionalmente.

Es importante que la foto contenga información que está en la parte derecha del histograma, en la luz, si existe se puede tratar, de las sombras poco podemos sacar.

Tipificación del histograma a simple vista

Veamos ahora cómo la silueta del histograma describe la relación de luces de una imagen. Si los píxeles están amontonados hacia la izquierda, significa que predominan los tonos oscuros. O bien la foto está subexpuesta y necesita más luz, o bien estamos ante lo que los pintores llamaban tradicionalmente imagen de clave baja. Aquí es donde entra el ojo a decidir, porque a una foto nocturna no se le puede pedir sino que sea oscura.

Histograma de imagen de clave baja.   Histograma de imagen de clave alta.

Si los píxeles se amontonan en la parte central y desaparecen de los extremos, significa que hay poco contraste. Si se amontonan en ambos extremos dejando alguna zona central casi desierta, seguramente hay un exceso de contraste.

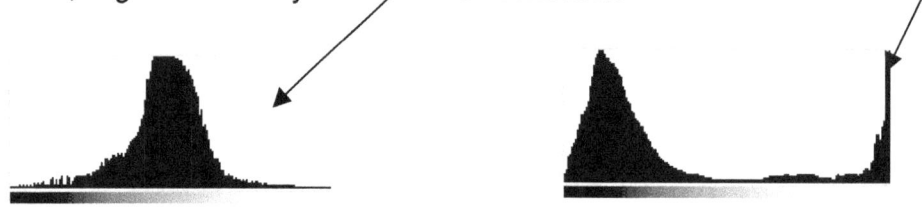

Histograma de una foto representando los tres canales de color RGB

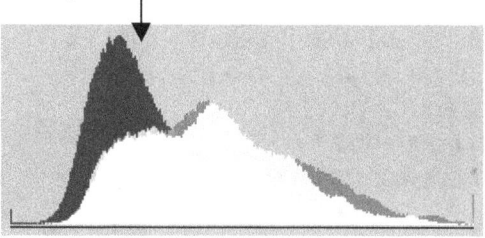

Histograma en Photoshop, disponemos de más información en este caso de una parte del histrograma y sus valores numéricos.

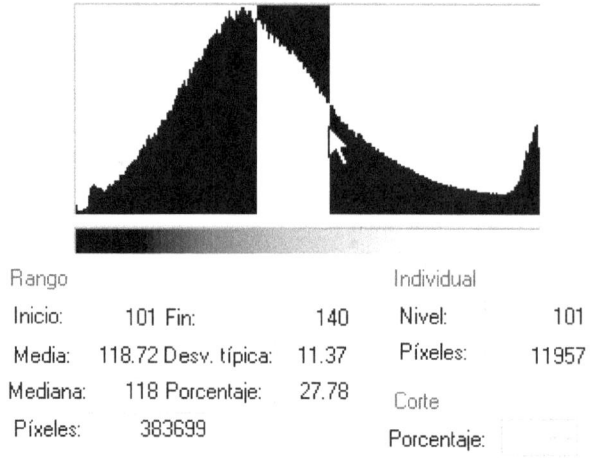

Rango			Individual	
Inicio:	101	Fin: 140	Nivel:	101
Media:	118.72	Desv. típica: 11.37	Píxeles:	11957
Mediana:	118	Porcentaje: 27.78	Corte	
Píxeles:	383699		Porcentaje:	

10. Óptica

El objetivo es sin duda uno de los elementos fundamentales en toda cámara fotográfica. En una digital es junto con el sensor electrónico un factor determinante de la calidad de las imágenes producidas.

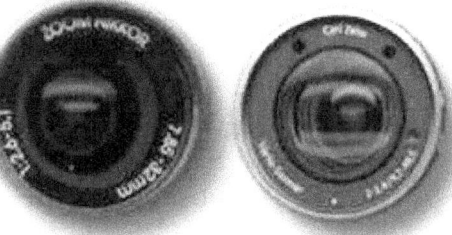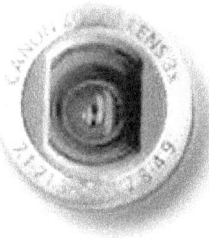

Resulta curioso observar el panorama actual de las principales marcas de fotografía digital. Algunas de ellas provienen de la fotografía tradicional y cuentan con ópticas de reconocida calidad.
Hablamos de nombres como Nikon, Canon, Olympus, Minolta, Fuji o Konica.

Otras marcas provienen en cambio del sector de la electrónica y han recurrido a la asociación con importantes nombres en la fabricación de ópticas. Así Sony incorpora objetivos Carl Zeiss en sus cámaras y Panasonic se ha asociado con Leica.

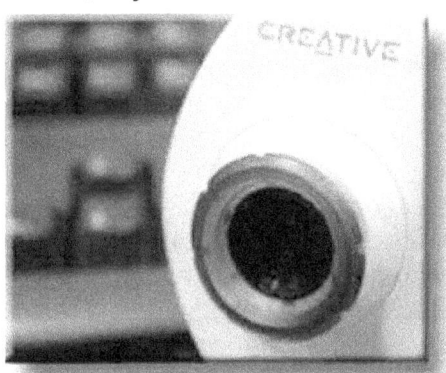

Calidad de la óptica y calidad de la imagen fotográfica guardan una estrecha relación. La definición de la imagen que se proyecta sobre la superficie de la emulsión sensible o sobre el sensor electrónico depende en primera instancia de las lentes. Su nitidez y definición son algo a tener muy en cuenta en la selección de cualquier cámara.

Como decíamos la finalidad básica de la óptica es la de concentrar los rayos de luz entrante sobre el plano en el que se forma la imagen.

Una lente simple puede cumplir esta función, pero no con

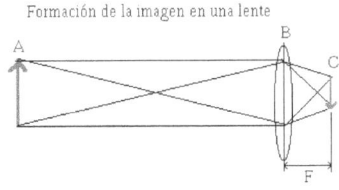

Formación de la imagen en una lente

A: Sujeto B: Lente C: Imagen F:Distancia focal

un nivel suficiente de calidad, ya que presenta aberraciones. Algunas cámaras de bajo presupuesto montan ópticas simples que obviamente no pueden producir imágenes de un cierto nivel de calidad. Una lente simple es suficiente para una cámara de videoconferencia, pero claramente insuficiente para obtener imágenes de un nivel de calidad determinado.

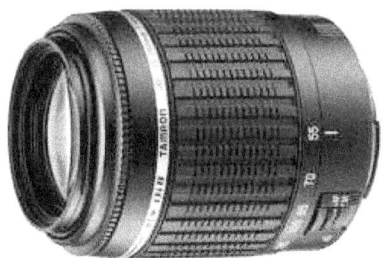

Objetivo Zoom compuesto por 15 lentes en 13 grupos ópticos.
TAMRON Objetivo AF 28-300mm F/3,5-6,3 XR Di LD Asférico [IF] MACRO

Una cámara equipada con una lente simple presenta con facilidad aberraciones. La aberración cromática consiste en que el objetivo no puede concentrar en un mismo punto los rayos de luz de distinta longitud de onda, es decir, de distintos colores. La imagen formada es borrosa y pueden observarse en ella un halo de color que la envuelve.

La curvatura de líneas es otra aberración que provoca que la imagen de los bordes de la fotografía aparezca distorsionada.

Los primitivos modelos de cámara fotográfica montaban una lente simple. Muy pronto, no obstante, los objetivos utilizados pasaron a ser conjuntos de ópticas compuestas. Actualmente, cámaras de bajo presupuesto como las de un sólo uso también utilizan lentes simples en su construcción.

Para minimizar las aberraciones las ópticas fotográficas están formadas por conjuntos de lentes cuyo funcionamiento global es capaz de corregirlas. En los modelos compactos el nivel de reducción de peso y tamaño al que llegan las ópticas se une a la miniaturización de los cuerpos de las cámaras. El resultado son unas cámaras muy llevaderas y con unos niveles de calidad notables.

La calidad de un objetivo se mide por su poder de resolución., es decir, por su capacidad de mantener separados en la fotografía puntos que se encuentran cercanos en la realidad. Cuanto mayor sea la capacidad del objetivo de mantener como individualizados en la imagen los detalles sutiles del motivo mayor será el poder de resolución de la óptica.

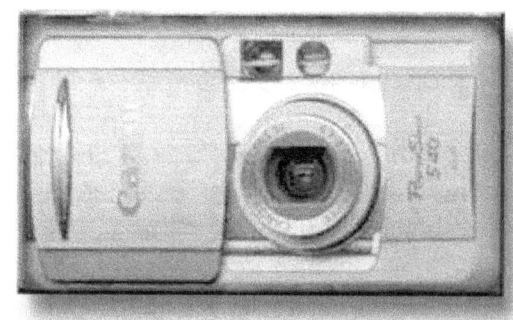

En una cámara digital la resolución de la fotografía depende tanto de la calidad óptica como de la resolución del sensor electrónico. De las dos fotografías siguientes, la de la izquierda se tomó con una cámara de baja resolución y óptica simple. La de la derecha corresponde a la misma situación captada con una cámara de mayor resolución, tanto en el sensor electrónico como en la óptica.

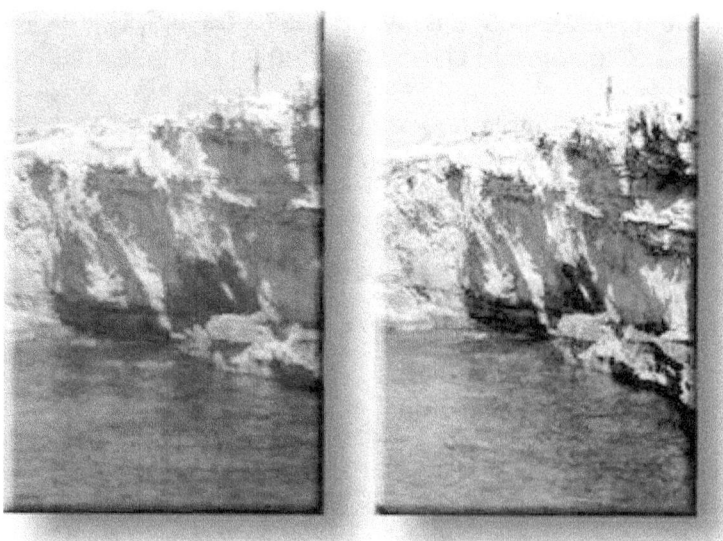

Objetivo Acromático, está formado por dos lentes, y el Apocromático por tres.

Evidentemente es de más calidad el APO.

11. El enfoque y profundidad de campo.

Habitualmente nuestro objetivo como fotógrafos será lograr una imagen enfocada, nítida. Sólo en casos muy especiales, normalmente relacionados con una intención estética o artística concreta, buscaremos fotografías borrosas, desenfocadas o movidas. Las imágenes siguientes del puerto de Barcelona al anochecer están movidas y ligeramente fuera de foco. Individualmente, como fotografías, diríamos que no son correctas. Pero quizás se busquen deliberadamente poco nítidas si quieren destinarse a servir de fondo a un título para un clip de vídeo, por ejemplo. O para buscar un resultado estético concreto a partir de imágenes movidas.

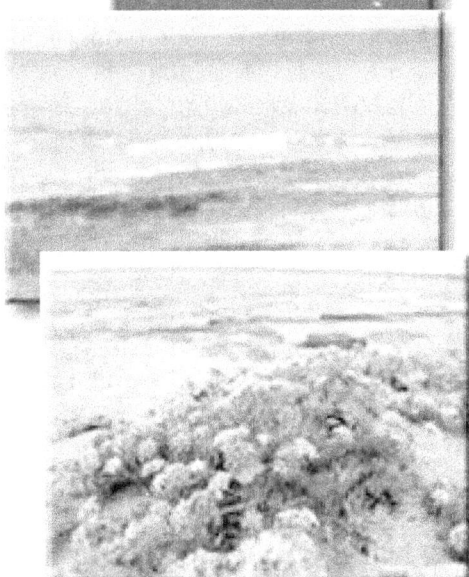

Con los actuales sistemas de auto foco, la operación de enfocar resulta normalmente transparente para el fotógrafo. Muchas veces pasa desapercibida debido a la rapidez y precisión de mecanismos.
Por otra parte, las cámaras compactas ofrecen imágenes enfocadas en la mayoría de las ocasiones. Una ventaja cuando se trata de tomar fotos nítidas con rapidez. Una desventaja cuando intentamos obtener un foco selectivo. Si a todo ello añadimos que las cámaras digitales tienen además una notable profundidad de campo (sensores pequeños) podemos llegar a la conclusión fácil que no es necesario reflexionar ni detenernos en el enfoque.

La realidad no obstante demuestra la inexactitud de esta afirmación. Incluso con cámaras digitales nos encontramos con fotografías desenfocadas. Por diversos motivos no siempre conseguimos imágenes nítidas. Y no resultan infrecuentes las ocasiones en las que precisamente buscamos dejar borrosa una parte de la imagen porque queremos aplicar un foco selectivo a un retrato, por ejemplo.

La profundidad de campo: Zona de la imagen por delante y por detrás del sujeto principal (plano de enfoque) que consideramos suficientemente enfocada. Se ve afectada por la apertura, distancia del sujeto, distancia focal de la lente empleada y tamaño del sensor. Aperturas mayores (menores valores f) disminuyen la profundidad de campo. Sensores mayores disminuyen la profundidad de campo. A menor distancia focal la profundidad de campo aumenta. Acercándonos al sujeto disminuimos la profundidad de campo.

Bokeh: Es un factor subjetivo, pero usualmente un objetivo con buen bokeh difumina las luces desenfocadas en formas geométricas. Es palabra de origen Japonés que se refiere a la calidad del *desenfoque de lente* o sea el debido a los efectos de la profundidad de campo.

Es interesante, pues, detenernos unos momentos en analizar el enfoque.

Las dos imágenes anteriores se tomaron consecutivamente. Ambas corresponden a un paisaje captado con angular. El día estaba nublado, por lo que la luz ambiente era baja y la cámara trabajaba con un diafragma abierto. En estas condiciones la profundidad de campo es reducida, y el proceso durante el cual el auto foco halla el punto de enfoque puede ser lento. En la fotografía de la izquierda el fotógrafo no se dio cuenta que la cámara no había encontrado aún el punto de foco cuando disparó. El resultado es una imagen desenfocada. En la de la izquierda el foco es correcto.

¿A qué nos referimos al hablar de enfocado? ¿Qué caracteriza una imagen borrosa?

Una fotografía es nítida cuando los rayos de luz provenientes de cada uno de los puntos del motivo se concentran de forma puntual en la superficie del sensor electrónico. La figura del David en la imagen siguiente, por ejemplo, está enfocada. Por contra, una imagen desenfocada es aquella en la que los rayos de luz procedentes del motivo no se concentran sobre el plano de la imagen, sino antes o después de él. En lugar de puntos forman círculos borrosos. Se conocen como círculos de confusión, y cuánto mayor es su diámetro más desenfocada está la imagen. Las zonas de la cúpula del Duomo, al fondo y la escultura parcial que aparece en primer término están desenfocadas.

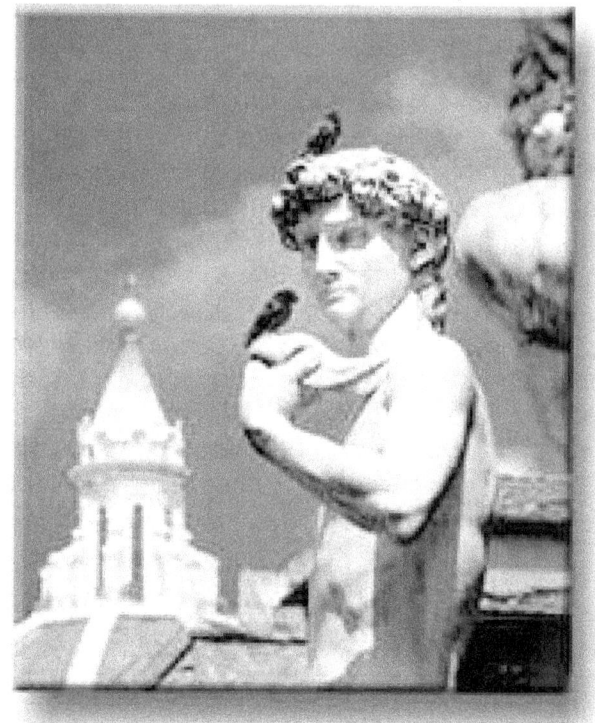

En una cámara *Réflex* la operación de enfocar es clara. Se varía la posición de las lentes hasta lograr la concentración de los rayos de luz, y con ella la nitidez de la fotografía. Al girar el anillo de enfoque se adapta la distancia existente entre el plano de la óptica y el plano de la imagen, en función de la distancia a la que se encuentra el motivo. En la mayoría de las cámaras compactas el enfoque se realiza mediante un desplazamiento interno de las lentes y pasa desapercibido, usando una técnica para definir el punto de foco denomina *enfoque por contraste*.

La acción de girar la óptica para enfocar queda reservada a los objetivos de las cámaras Reflex y algunas Bridge, es el enfoque manual.

Los mecanismos de auto foco son de uso común en todos los modelos.

ESTABILIZACION DE IMAGEN: Con el fin de evitar los problemas de desenfoque, imagen movida en realidad, por culpa del mal pulso, hay cuerpos de cámara compactas, dotados de sistema de estabilización óptica y Objetivos y Cuerpos para Reflex con estabilizador integrado.

Pueden compensar entre dos y cinco pasos de velocidad/abertura en una toma difícil.

12. Auto foco

Definidas las características del enfoque nos detendremos en analizar los mecanismos que nos encontramos en una cámara digital para llevar a cabo la operación. Probablemente la opción más generalizada es el auto foco, en muchos modelos incluso es la única opción. En los modelos actuales es rápido, preciso y por tanto práctico. No obstante, es recomendable también disponer de enfoque manual, o en todo caso de algún sistema que nos permita controlar el foco.

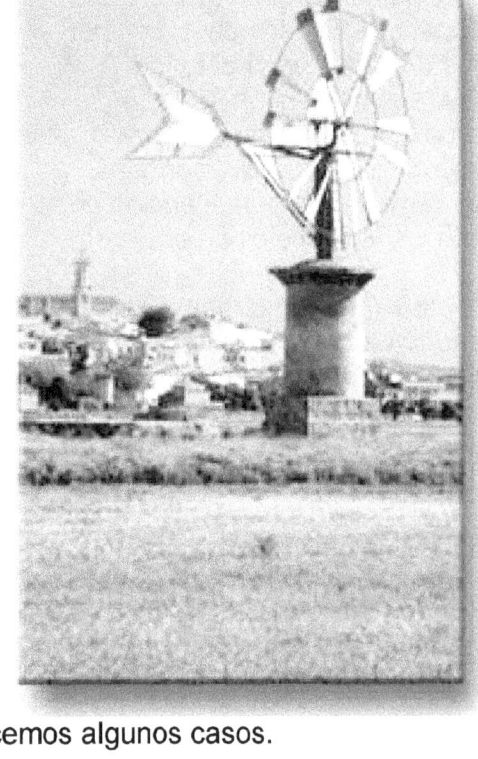

Tomamos una Nikon Coolpix 4500 como ejemplo para analizar las funciones de enfoque. Importante tener en cuenta, pues, que las opciones comentadas no son universales.

En principio, colocar la cámara en automático supone que el fotógrafo no tiene por qué preocuparse por la nitidez de las imágenes. No obstante, en ocasiones, una imagen puede resultar desenfocada, o el fotógrafo puede desear intencionadamente controlar el foco. Analicemos algunos casos.

Pero en algunas situaciones el margen de nitidez es muy limitado. En especial cuando hay poca luz, cuando el motivo está próximo y cuando utilizamos teleobjetivos.

En estos casos la cámara es muy posible que no encuentre el foco a la primera, que necesite un tiempo. Si el fotógrafo no se da cuenta de ello y dispara, la imagen muy fácilmente saldrá borrosa. Valga decir que no siempre las condiciones de visibilidad de las pantallas de TFT son las óptimas. A la luz del día, por ejemplo, no siempre se ven con claridad.

La imagen siguiente se tomó con iluminación artificial. La poca luz disponible provocó lentitud en la cámara para encontrar el foco correcto. La imagen de la izquierda se disparó cuando el proceso aún no había finalizado, y dio como resultado una fotografía fuera de foco. En la misma situación la de la derecha es correcta.

El tercer supuesto es cuando el fotógrafo busca el foco selectivo. El ejemplo más habitual es el de enfocar un primer término y desenfocar el fondo.

Es una típica situación de retrato. Dejar las cúpulas del Kremlin borrosas contribuye a centrar la atención en el sujeto y sus símbolos americanos.

Se podría interpretar también el desenfoque con unos símbolos del pasado que se diluye poco a poco.

Las interpretaciones pueden ser múltiples, lo importante es que el fotógrafo controle técnicamente la imagen que quiere construir.

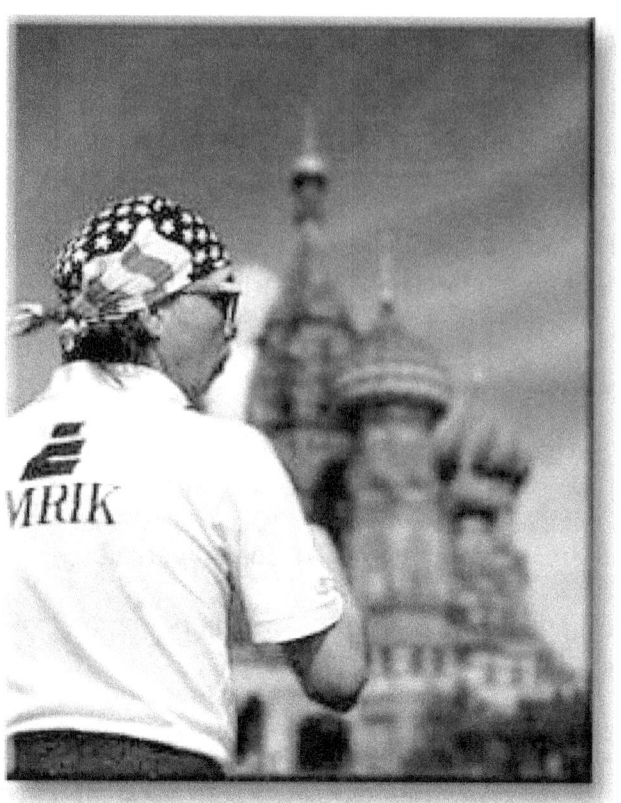

Sistema motorizado de enfoque de un objetivo de gama media/alta para Reflex Canon EOS.

Motor Microeléctrico   Motor Piezoeléctrico o H/USM

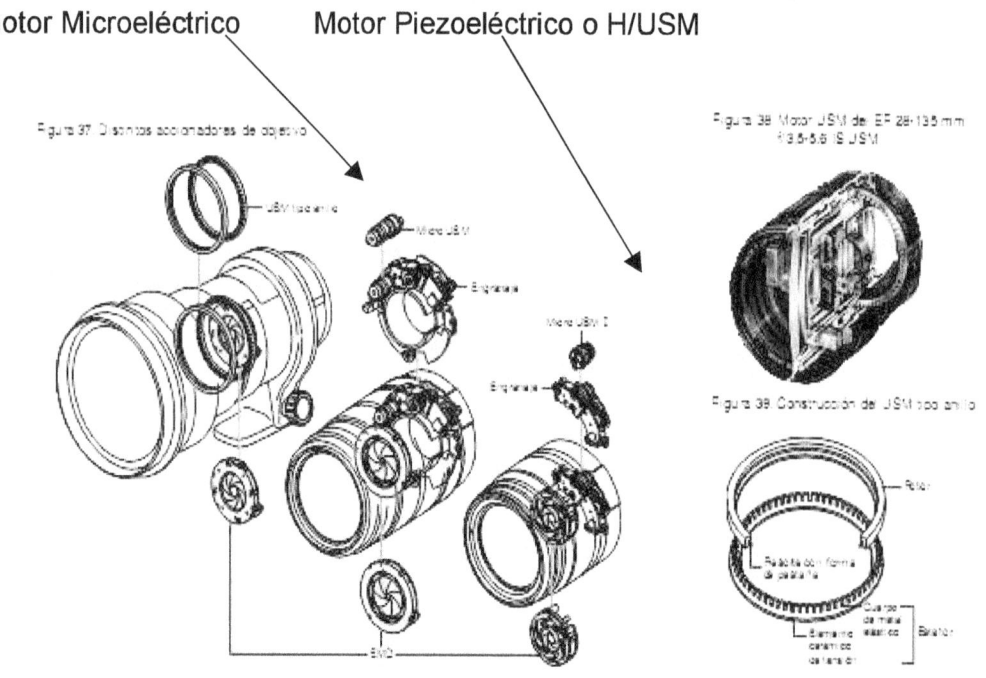

13. Auto foco - II

Vemos, pues, que el auto foco, si bien es de gran ayuda, en modo alguno es lo más recomendable para todas las ocasiones. En algunos casos es preferible recurrir al enfoque manual o a controlar el foco mediante los recursos que permita la cámara. En la Sony 717, por ejemplo, el enfoque manual se lleva a cabo de forma similar a una cámara clásica. Se acciona el conmutador correspondiente y se gira el anillo de enfoque. Incluso presenta la opción de ampliar digitalmente la imagen cuando se encuentra en posición macro. Una especie de lupa digital muy interesante y útil.

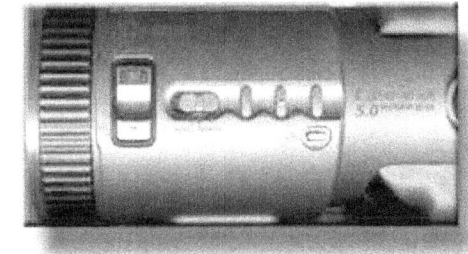

En la Nikon Coolpix 4500 el enfoque manual no es tan práctico como en el caso anterior. En este modelo es mejor optar por el enfoque automático, pero usando las posibilidades de control a las que se accede a partir de distintos menús.

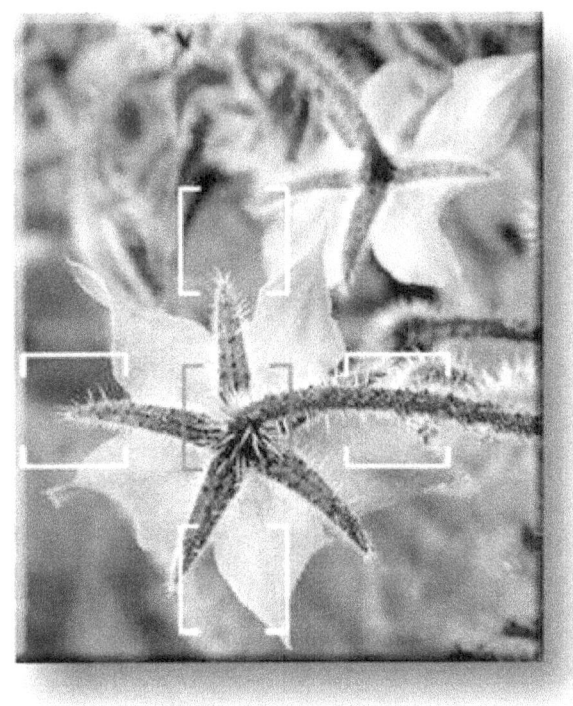

Entrando en los menús de la cámara llegamos a las opciones de enfoque, y dentro de éstas a la posibilidad de determinar el área de enfoque. Con motivos cercanos resulta de gran utilidad. Veamos el siguiente ejemplo. Analizaremos mediante algunas fotos de borrajas tomadas en posición de macro las distintas opciones de enfoque.

En una primera opción automática la cámara selecciona como zona de enfoque el motivo más cercano a la cámara. En el ejemplo que nos ocupa la flor está más próxima al objetivo. La zona seleccionada se muestra en la pantalla de TFT mediante unos indicadores rojos y blancos que aparecen al oprimir ligeramente el botón del disparador.

Una segunda opción (imagen página siguiente) permite seleccionar manualmente la zona a enfocar mediante los indicadores de selección que aparecen en pantalla.

Para enfocar sobre un objeto se apunta hacia éste el área central señalada entre paréntesis rojos, y se oprime un primer punto del disparador. Manteniendo este punto oprimido se puede desplazar la cámara y componer la fotografía.
El foco se mantendrá sobre el motivo enfocado, independientemente de que éste no se encuentre en la zona central. En las dos imágenes siguientes, en una se ha centrado el foco sobre la flor más cercana, mientras en la segunda se ha enfocado sobre la lejana.

Como podemos comprobar, si bien la cámara funciona en opción de foco automático, el hecho de disponer de control sobre el enfoque es esencial. Ya sea mediante la clásica operación de girar el anillo de enfoque, ya sea mediante operaciones como las descritas, en las cuales la cámara enfoca de forma automática sobre el motivo que decide el usuario. Poder controlar el foco es un activo de extraordinario valor en manos del fotógrafo. Es imprescindible, por ejemplo, para lograr composiciones de imágenes interesantes aplicando un foco selectivo. Separar las hojas de la vid del fondo contribuye a dar interés a la siguiente imagen, por ejemplo.

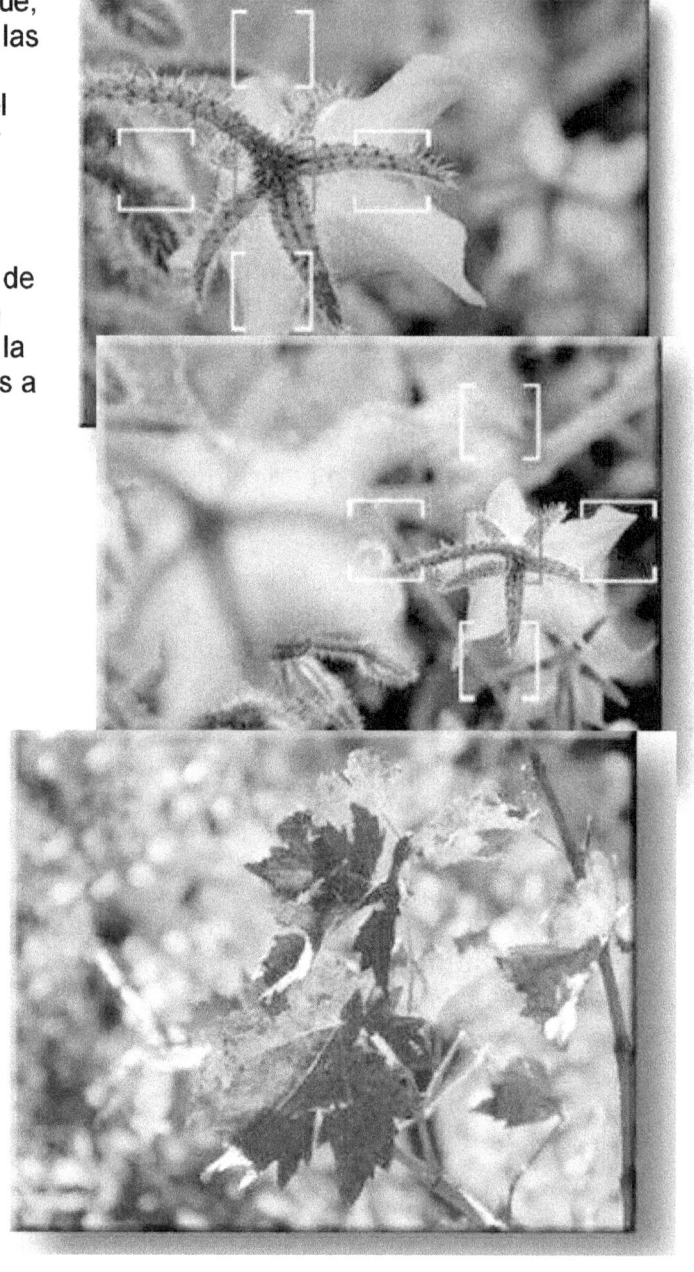

Hablamos de foco selectivo cuando captamos un motivo con nitidez contra un fondo o un primer término desenfocados. Para su correcta realización precisamos contar con una profundidad de campo reducida, y controlar con precisión el área sobre la que deseamos enfocar.

Fiar en los puntos de enfoque automático de la cámara, que pueden ser dos o veinte no siempre es lo más recomendable, al restar control al fotógrafo sobre la zona a enfocar y máxime si nos interesa aplicar foco selectivo, como es en el caso de la regla de los tres tercios, por ejemplo, que veremos más adelante.

14. Distancia focal – Las ópticas fotográficas:

La distancia focal es un concepto clave en el que hacer fotográfico. Es posible que el usuario desconozca el significado del término, pero una de las dos acciones que más veces ha realizado al fotografiar probablemente haya sido cambiar la distancia focal. La otra es accionar el disparador. Cada vez que se mueve accionamos el zoom y varía la distancia focal. Cuando el zoom está abierto la distancia focal es mínima, cuando está cerrado adquiere su valor máximo.

Se define la distancia focal como la existente entre el plano de la imagen y el plano de la óptica **_cuando estamos enfocando al infinito_**. Se mide en milímetros y varía en función del tipo de cámara. Así, mientras en una Reflex de 35 mm hablaríamos de rangos entre 28 y 85 mm para las ópticas más comunes en una compacta digital podemos encontrar como valores habituales los comprendidos entre 7 y 32 mm.

El plano de la imagen es la superficie del interior de la cámara donde se concentran los rayos de luz para lograr una imagen enfocada. Se trata del plano donde encontramos o bien el sensor electrónico o bien la película.

Para explicar el plano de la óptica recurrimos a una analogía con la lente simple. Si la óptica fuese una lente simple el plano de la óptica seria el punto en el que los rayos de luz provenientes del infinito modificarían su trayectoria. En una óptica compuesta se calcula un plano interior al conjunto de lentes que cumple esta misma característica.

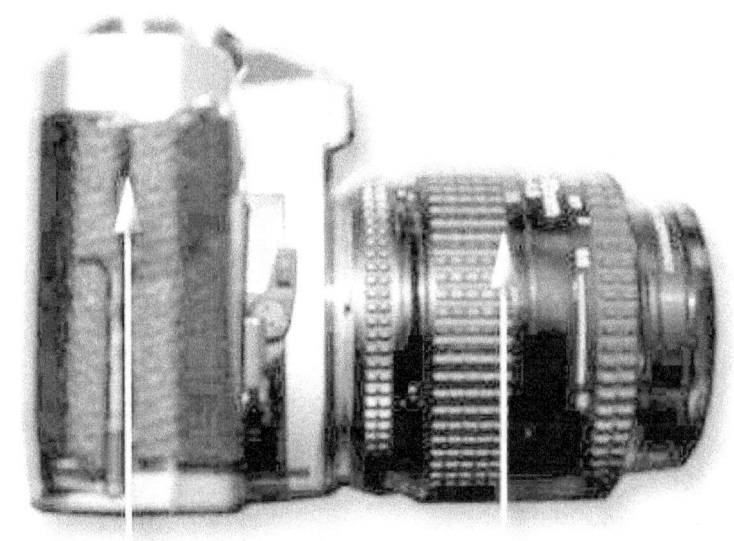

plano de la imagen   plano de la óptica

La distancia focal se relaciona con el ángulo de visión en una relación inversa. Un valor bajo provoca un ángulo de visión amplio. Y a la inversa, un valor alto implica un ángulo de visión reducido.

Las ópticas: Las dos imágenes siguientes se tomaron a una distancia similar del motivo. En el primer caso se usó un 19 mm. Puede observarse la distorsión típica de estos objetivos, que provoca una convergencia de líneas, por el efecto de perspectiva, el cual puede ser revertido mediante el uso de software adecuado que permita la *Corrección de Lente*.

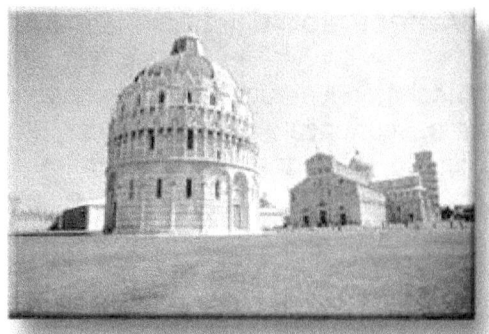

En el segundo caso se usó un 210 mm. A valores de distancia focal bajos corresponden ángulos de visión dilatados. Y a la inversa, a valores altos ángulos reducidos.

La popularización de las cámaras de 35 mm ha llevado a equiparar con facilidad las nociones de ángulo con las características de unos valores determinados. Así, se asocia con facilidad un 28 mm con un angular, un 50 mm con un objetivo normal y un 135 con un teleobjetivo.

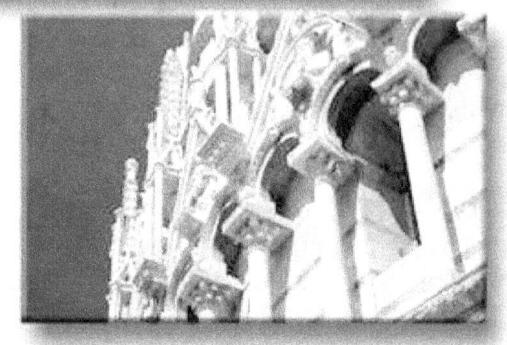

Sea como fuere lo que intentamos es plasmar es una imagen tridimensional en un plano de dos dimensiones, con los problemas que eso representa, la óptica y la composición pueden crear el milagro.

La profundidad: La fotografía, como cualquier imagen gráfica, se representa únicamente en dos dimensiones; estas son alto y ancho. Las imágenes que percibimos y queremos representar, tienen como característica la profundidad; es decir, que nosotros vemos en tres dimensiones (que son las del mundo en el que nos movemos (ancho, alto, profundidad). Pero ¿cómo plasmar esa profundidad en una imagen en dos dimensiones? Podemos hacerlo mediante el uso de varios recursos gráficos, de los que se han descrito anteriormente: Convergencia de líneas: Las líneas que fugan a un punto (al que dirigen nuestra atención), crean lo que se conoce como perspectiva; la perspectiva

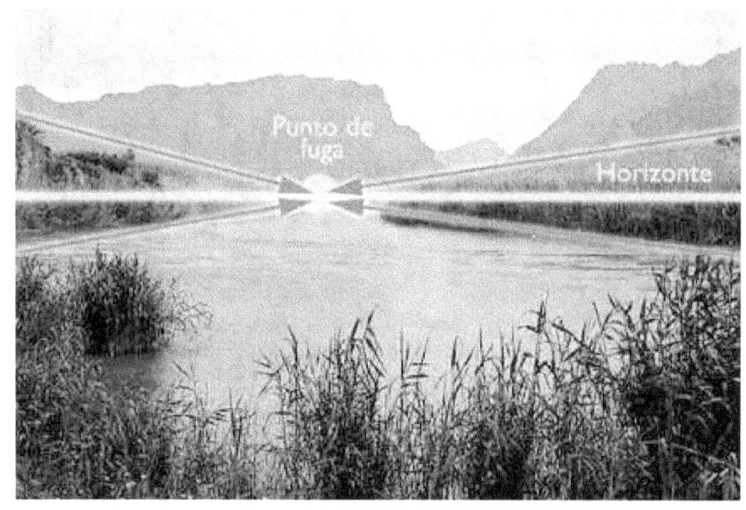

es la representación gráfica básica de la profundidad. Para recrear dicho efecto, necesitamos un horizonte (línea), unas líneas convergentes (que en la realidad serían paralelas pero la distancia las hace converger) y un punto de fuga de dichas líneas (encargado de crear la sensación de profundidad).

15. Ópticas de distancia focal corta. Objetivo angular

El ángulo de visión que proporciona un objetivo de focal corta es amplio. Estos objetivos se conocen normalmente como angulares, y en las cámaras con zoom corresponden a la posición abierta de éste.

Un objetivo angular deforma las proporciones, y con frecuencia presenta una curvatura de líneas más o menos acusada. En las cámaras de 35 mm se consideran angulares las ópticas con distancias focales inferiores a 35 mm. Los valores más normales llegan hasta 28 mm, si bien existen modelos que con valores de 24 o incluso 18 mm permiten al fotógrafo encuadres sorprendentes. Entre las ópticas gran angular, las de valores inferiores a los 18mm se denominan ojos de pez.

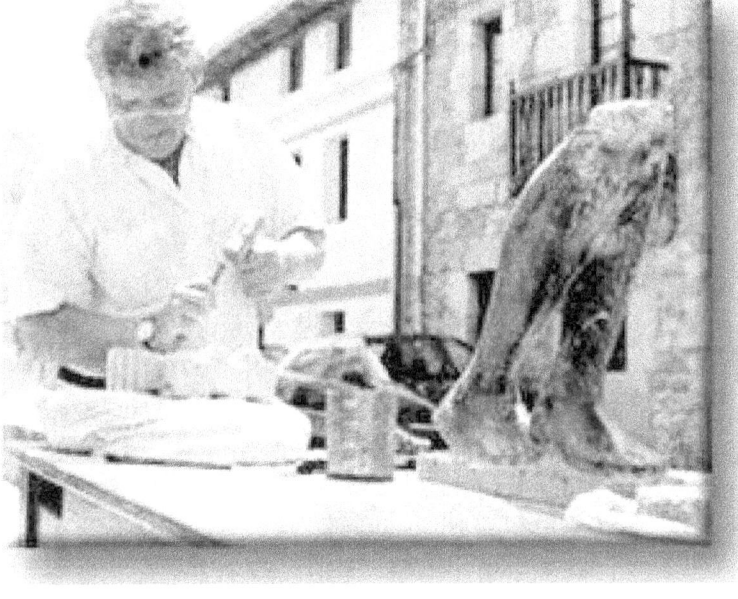

Esta fotografía del escultor se realizó con un angular de 28 mm. A causa de la mayor profundidad de campo de este objetivo se pueden mantener en foco tanto la obra de primer término como el artista. El angular permite integrar diversos planos de objetos a causa de la profundidad propia de la   perspectiva que ofrece.

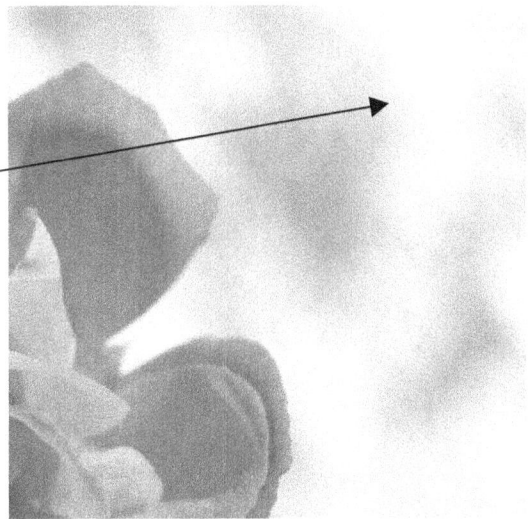

Bokeh generado por el efecto del desenfoque de profundidad de campo, los motivos fuera de foco toman unas formas regulares que según su calidad mejoran el aspecto artístico de la toma y realzan el primer plano.   Su calidad está relacionada con la del objetivo y en especial con la construcción del diafragma y sus laminas.

16. Ópticas de distancia focal normales. Objetivo normal.

El objetivo normal es el que proporciona un ángulo de visión similar al de la visión humana.

Las imágenes tomadas con esta focal presentan una perspectiva que resulta familiar.

En la cámara de 35 mm, el objetivo normal corresponde a una óptica de 50 mm de distancia focal. Si se fotografía desde una distancia próxima al sujeto el fondo se desenfoca con facilidad. En el ejemplo, la muchacha se fotografió desde cerca, encuadrándola en plano medio. La calle del fondo está fuera de foco a causa de la proximidad.

Se hubiera podido obtener una imagen similar de haberse distanciado más el fotógrafo del motivo. En tal caso el fondo estaría aún más fuera de foco.

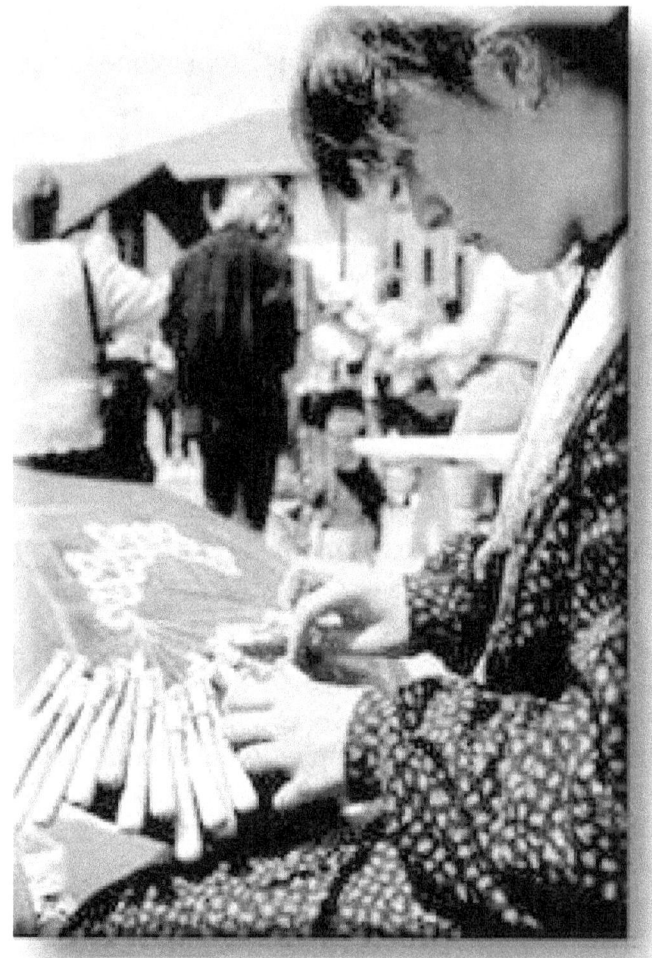

17. Ópticas de distancia focal larga. Teleobjetivos.

Cuando llevamos el zoom a la posición extrema de aproximación al motivo estamos en posición teleobjetivo. El ángulo de visión es cerrado y la distancia focal larga.

En las cámaras de 35 mm los valores de distancia focal a partir de los cuáles se considera teleobjetivo son los de sobre 85 mm o superiores.

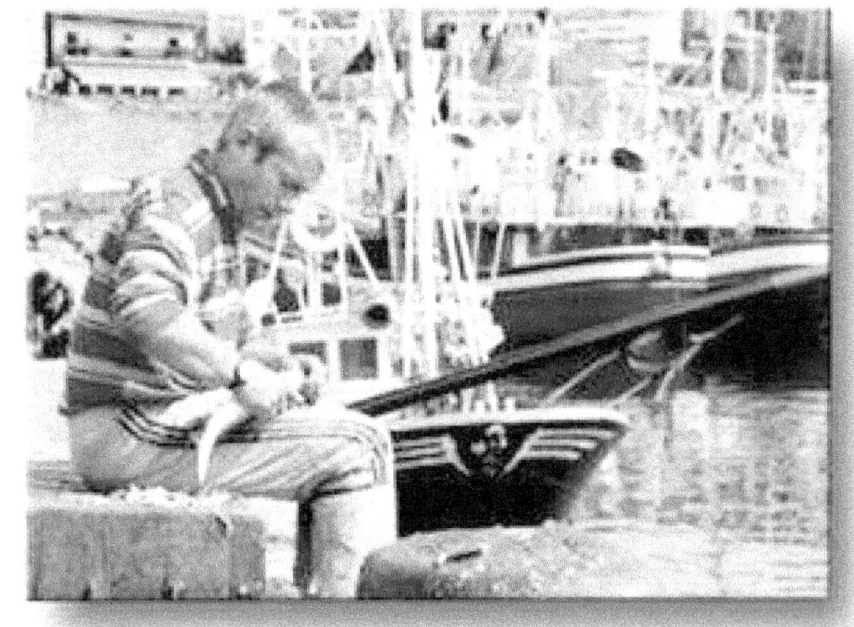

El pescador anterior se fotografió desde una relativa distancia con un teleobjetivo. El fondo está claramente fuera de foco.

En las cámaras digitales compactas los valores en milímetros de la distancia focal son siempre inferiores a los de la cámara de 35 mm. Seguimos hablando de óptica normal, angular y tele, pero los valores en mm de cada grupo varían sustancialmente.

El inferior tamaño del sensor electrónico respecto del negativo es la principal causa de la diferencia.

En las Reflex digitales existe también un diferencial conocido como *factor de multiplicación* (de recorte) que modifica las distancias focales de las ópticas.

El cambio no obstante no es tan acusado como en las cámaras digitales compactas. (ver páginas 7 y 8)

18. Distancias focales en las cámaras digitales compactas

Fotografía captada con una cámara digital equipada con un zoom 7,85 - 32 mm. Se usó la posición angular de 7,85 mm.

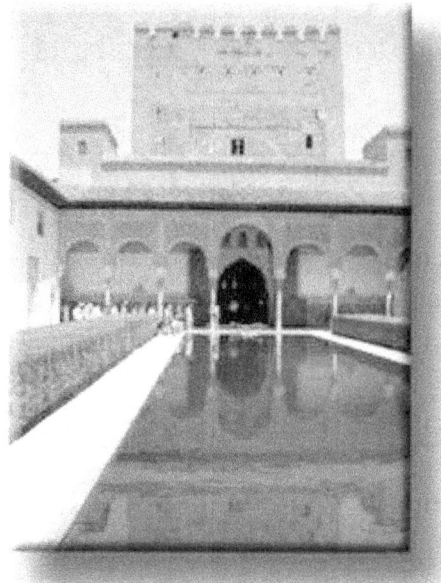

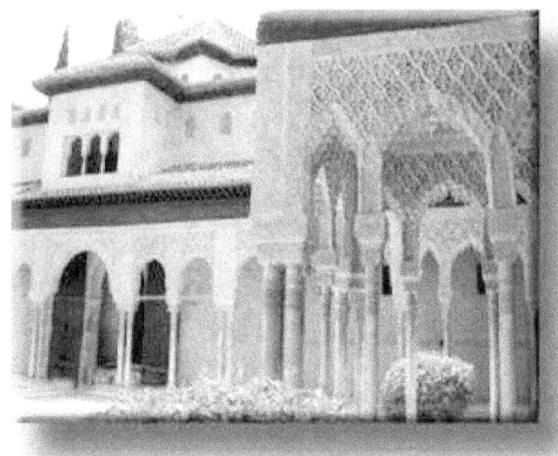

Esta imagen se tomó con el zoom a la mitad aproximada de su recorrido. Los 18 mm suponen el objetivo normal.

Los mocárabes de la Alhambra se captaron con el zoom en la posición teleobjetivo. 32 mm es este caso.

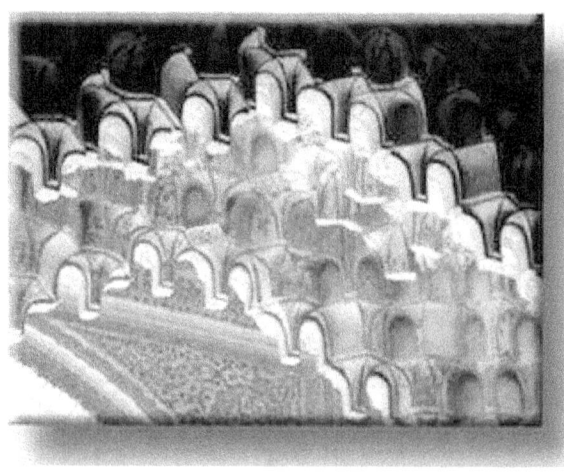

19. Lentes adicionales

En las compactas digitales no se puede cambiar la óptica. El campo de acción se limita a un rango determinado. No obstante, existen accesorios adicionales que se pueden incorporar a algunas cámaras. Se trata de lentes que acopladas a la parte frontal del objetivo lo transforman en un teleobjetivo de mayor potencia, en un angular o incluso en un ojo de pez.

Hay que tener presente que con las lentes adicionales, la calidad óptica final suele disminuir y la operatoria de la cámara es más incomoda.

También por otra parte es de destacar una posibilidad claramente ligada con la edición digital.

Cuando interesa captar un motivo cuyas dimensiones sobrepasan el ángulo de cobertura de la óptica es posible recurrir a la técnica de las *panorámicas.*

En el ejemplo adjunto interesaba captar la relación del techo del palacio con la puerta. Si bien hubiera podido ser factible utilizar un ojo de pez, se optó por realizar una serie de tres fotografías y coserlas posteriormente. Con una cámara digital los formatos de la imagen presentan una variabilidad de medidas y formas tanto o más ricas que aquellas de las que se disponía en el laboratorio.

Panorámicas: Consiste en partir la toma en varias fotos (recomendable en formato vertical) de dos a las necesarias para cubrir el campo deseado y posteriormente tratarlas con un software adecuado que las *" une o pega "* formando un conjunto homogéneo.
Ver primera página de este temario, la foto cubre unos 120°.

Es toda una técnica especializada pero de fácil adaptación considerando unos consejos básicos, posición de los pies, sentido y orientación de la toma, campo a cubrir y un buen software.

Macros: Otra técnica especializada que permite la toma de imágenes 1:1 es decir reales y que requiere un equipamiento adecuado para lograr buenos resultados.

20. Zoom óptico y zoom digital

Un zoom 35-70 tiene un factor de ampliación de 2x. Uno de 70-210 es de 3_aumentos (3x). En los modelos digitales es frecuente encontrar dos tipos de factores de ampliación. Corresponde a dos tipos de zoom: el óptico y el digital.

Un zoom óptico es, como ya hemos visto, un objetivo que permite variar la distancia focal y por lo tanto abarcar mayor o menor campo visual. La imagen a fotografiar se forma mediante el sistema de lentes que forman la óptica.

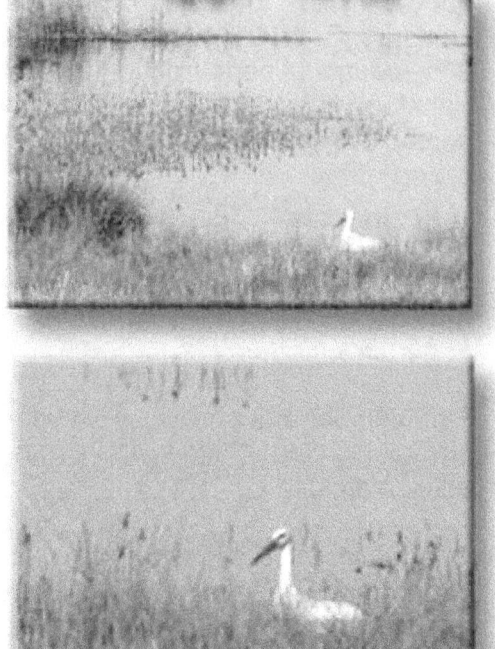

Un zoom digital permite recortar el campo cubierto y aumentar así la imagen. Pero la ampliación no se realiza por medios ópticos sino a través de software. La imagen original se aumenta por interpolación. Este tipo de zoom, si bien puede aumentar mucho la imagen, no produce fotografías de calidad.

Tanto en un caso como en el otro el zoom se define por el número de aumentos que puede proporcionar. Hablamos de rango del zoom para referirnos al grado de variación que permite un objetivo entre sus dos posiciones extremas. Un rango de 10:1, por ejemplo, significa que la imagen que capta en posición angular puede ampliarse 10 veces. El resultado visual será como aproximar una parte de la escena al espectador.

Actualmente, la mayoría de cámaras compactas incorporan rangos de zoom elevados, pero normalmente se trata de aumentos digitales, no ópticos. La calidad del aumento obtenido electrónicamente es muy inferior a la que proporciona un buen conjunto óptico. Las dos imágenes siguientes fueron tomadas con la misma cámara. El fotógrafo no se

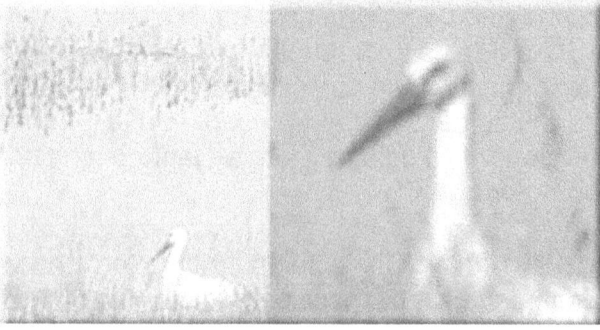

desplazó, ambas se dispararon pues desde la misma distancia. La superior corresponde al aumento del zoom óptico, en la segunda se usó el digital. El número de aumentos es notable.
Pero aparte del aumento es de señalar cómo en la correspondiente al zoom digital el efecto de pixelado es mucho más evidente y aparece cuando se amplía excesivamente la imagen.

También por otra parte se observa ruido. Analizando con detalle la zona del azul del agua en la fotografía siguiente pueden verse con claridad puntos de color.
La comparativa de las dos imágenes corresponde a áreas similares de la imagen en bruto, tal como fue captada por la cámara.

21. Control de la luz

Siguiendo con el esquema trazado inicialmente para la descripción de la cámara llegamos al segundo gran bloque de nociones. Las relacionadas con el control de la luz.

Modos de medición de la luz:

 Puntual

Puntual – Parcial, Lo que hace la cámara es medir la cantidad de luz que incide en una región muy pequeña del sensor 9% aprox. Coincide aproximadamente con el cuadrado que suele indicar el enfoque en el sensor, pero solo aproximadamente.

Ponderada al centro – Promediada, con este método, también conocido como promediado al centro, lo que hace la cámara es equilibrar algo más los valores de medición. Da mucho más peso

 Ponderada al Centro

a la luz que mide en el centro (como el sistema puntual), pero también tiene en cuenta los valores que recoge de la zona externa a esa superficie más interior.

Matricial – Evaluativa, es el sistema de medición más complejo de los tres, y el que funciona bien en el 90% de las situaciones. De hecho, es más que probable que sea el ajuste que traiga tu cámara por defecto.

Matricial

Habitualmente consideramos como correcta una fotografía que ha sido expuesta de forma que reproduce los tonos de la imagen, desde las zonas más claras hasta las más oscuras. En la siguiente imagen de les Roques de'n Benet, el paisaje picasiano de Horta de Sant Joan, observamos una de tantas muestras posibles de exposición correcta. Estamos habituados a captar a simple vista como idónea una combinación de brillo y contraste que recorra desde los tonos oscuros a los claros.

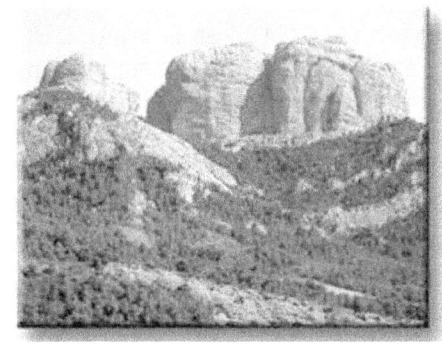

Los programas de edición digital permiten corroborar la impresión visual mediante el histograma. Éste muestra la distribución de la cantidad de píxeles que presenta cada uno de los tonos de la imagen. Desde los negros a la izquierda del gráfico hasta los blancos a la derecha.

Habitualmente, la imagen correctamente expuesta presenta un mayor porcentaje de píxeles en la zona central.

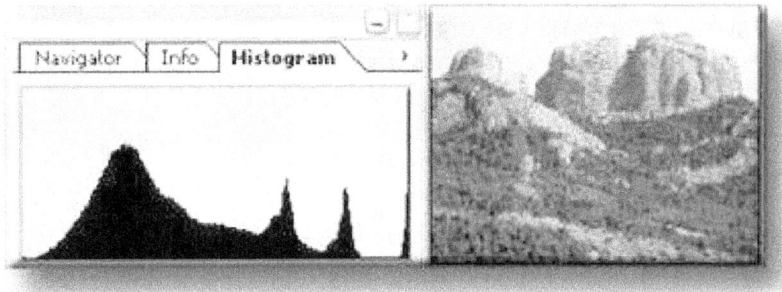

No obstante, nada en este mundo es absoluto. La relatividad abarca todos los ámbitos, y sin duda el de la fotografía de forma muy especial. Podemos optar así por crear una imagen con todos los tonos situados en la zona de las altas luces, o bien en la situación inversa, reproducir únicamente los tonos oscuros. No por ello las fotografías serán incorrectas. En los casos extremos de construir una imagen sólo con los tonos de las altas luces, o únicamente con los de las bajas luces, denominamos las obras como en high key y low key, respectivamente.

En la imagen anterior la mayor parte de los tonos son claros. Exceptuando las zonas de la ventana, la mayor parte de los tonos se encuentran en las zonas de las altas luces.

El histograma correspondiente muestra claramente la distribución.

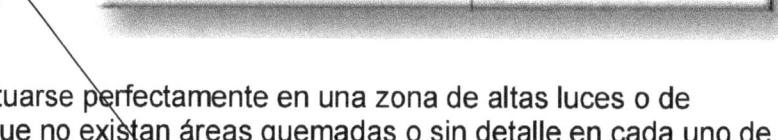

En un caso contrario se encuentra la imagen siguiente. Aquí la mayor parte de los tonos son oscuros y corresponden a la zona de las sombras.

La exposición correcta puede situarse perfectamente en una zona de altas luces o de sombras. Es importante lograr que no existan áreas quemadas o sin detalle en cada uno de los casos.

Corroborando la apreciación visual de la gama de tonos oscuros de la imagen el histograma correspondiente refleja esta misma distribución. La zona en sombra sin detalle se traduce en un pico en el histograma, en la zona de los negros

Teniendo en cuenta la variabilidad de temas en la mente del fotógrafo, en general éste buscará la exposición correcta. Ya se trate de un sensor electrónico, ya sea una emulsión sensible, es preciso que llegue hasta ellos la cantidad de luz precisa. Si llega demasiada la fotografía se quema, mientras que si llega poca la imagen queda oscura. Únicamente cuando llega la cantidad justa se obtiene una reproducción correcta de los tonos y texturas de la realidad.

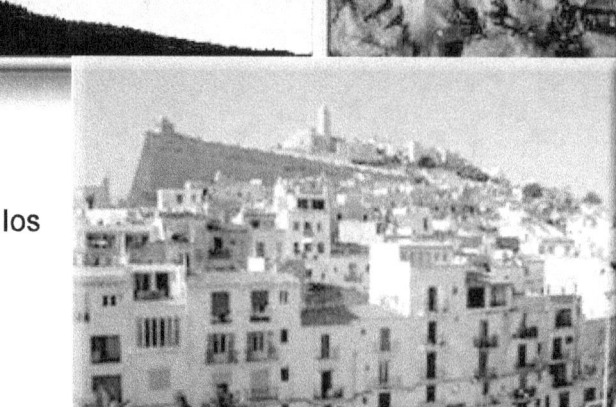

Ahora bien, si se comparan las dos fotos anteriores ambas se pueden considerar correctamente expuestas.

Tanto una como la otra reproducen desde los tonos oscuros a las altas luces y presentan en los tonos medios la máxima concentración.

Los histogramas respectivos muestran unas curvas con concentraciones suficientes de píxeles en distintas zonas medias, y con detalle desde las zonas de los bajos tonos (izquierda de la gráfica) hasta las altas luces (zona derecha).

Siguiendo con la comparación, resulta obvio que mientras una fue tomada a la luz del sol del mediodía la otra corresponde al atardecer. La cantidad de luz disponible en una y otra situación eran radicalmente diversas. En ambos casos llegó al sensor electrónico una cantidad adecuada de luz.

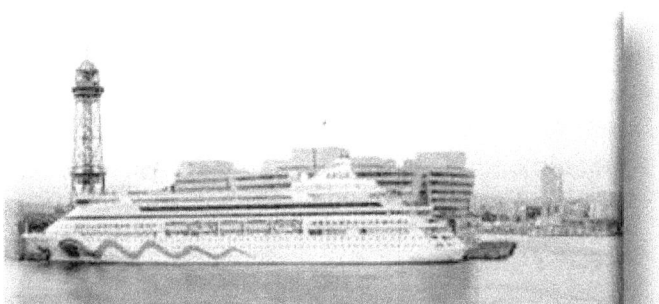

Lograr la exposición correcta significa adaptar los controles de la cámara en función de la luz disponible. Si la intensidad luminosa es alta debe entrar menos luz en la cámara que si

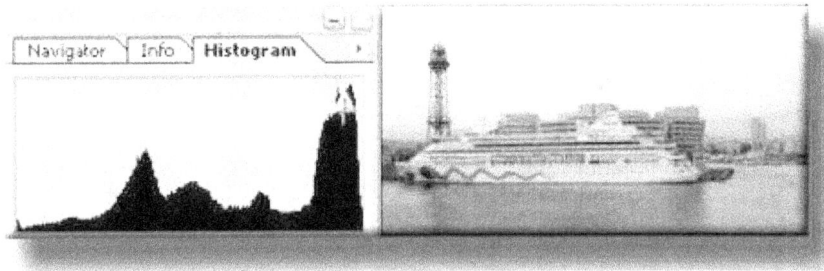

las condiciones de iluminación son pobres. Los medios disponibles para llevar a cabo este ajuste son el obturador y el diafragma.

Un ejemplo clásico para comprender la relación entre exposición correcta, obturador y diafragma es el del depósito de agua que se llena. Supongamos que se precisan 10 litros para llenar un depósito de agua y que disponemos de un grifo. Si lo abrimos totalmente se tarda 1 minuto para alcanzar el nivel de completo. Resulta obvio que si

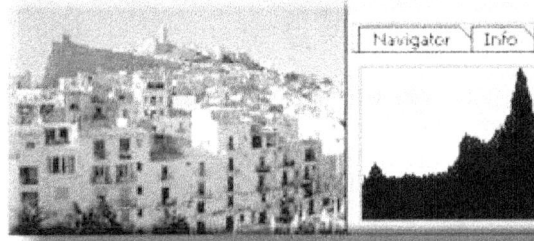

cerramos el caudal del grifo a la mitad será preciso el doble de tiempo para proporcionar la misma cantidad de agua.

Si el histograma recoge valores a lo largo de toda la gráfica nos encontraremos ante una imagen equilibrada con información en todo el rango de luces y sombras.

El depósito lleno equivale a la cantidad de luz necesaria para obtener la exposición correcta.

El caudal del grifo corresponde al diafragma, es decir, al diámetro de la abertura a través de la cual dejamos pasar la luz.

El tiempo de llenado es la analogía del valor del obturador, o, dicho de otro modo, al tiempo durante el cual dejamos entrar la luz.

Sensibilidad ISO: Qué es y Cómo Funciona:

La sensibilidad ISO marca la cantidad de luz que necesita nuestra cámara para hacer una fotografía. Este concepto, que viene arrastrado de la fotografía convencional, se mantiene en la fotografía digital, aunque sus fundamentos son algo diferentes.

Las películas fotográficas están formadas por haluros de plata, millones de cristales transparentes sensibles a la luz, agrupados. Una gelatina actuaba como soporte impidiendo que se agrumen haciendo las veces de vehículo de esa masa lechosa. Esta gelatina, una vez seca, mantiene los haluros suspendidos formando la película propiamente dicha y permite la entrada de líquidos sin necesidad de perder ninguno de los cristales.

El tamaño de estos cristales es lo que marca la sensibilidad de la película y el grano que se aprecia al obtener las copias reveladas.

Con el paso a la fotografía digital, se conservó el concepto de sensibilidad ISO, aunque el funcionamiento del sensor no tiene mucho que ver en este aspecto, y el resultado, tampoco.

Señal es toda información significativa para construir un mensaje. **Ruido** es cualquier otro dato que acompañe a la señal dificultando su transmisión, almacenamiento y comprensión.

En las cámaras digitales, el sensor o CCD/CMOS es el chip encargado de la captura de la imagen, tal como hemos visto anteriormente.

Cada una de esas celdas genera una corriente eléctrica en presencia de la luz. Esa corriente eléctrica será luego convertida en datos numéricos que se almacenarán en forma digital binaria en la memoria de la cámara dando origen a un píxel.

Cada una de esas celdas genera una cantidad más o menos fija de corriente eléctrica (y por lo tanto de datos) al azar, aún en ausencia de la luz y *con relación a la temperatura*.

La sensibilidad de cada uno de los elementos del sensor es fija, con un valor aproximado equivalente a 100 ISO. Los índices ISO superiores que nos ofrece la cámara digital se logran no por un incremento en la sensibilidad de los elementos captores, sino por una amplificación electrónica posterior de la señal que estos emiten.

Como estos elementos tienen una emisión de señal de base más o menos fija, al capturar una señal lumínica débil y amplificarla, estamos amplificando también una buena porción de la emisión de datos aleatoria del chip, con lo que se mezclará una cantidad de señal aleatoria sin contenido a la señal correspondiente a la imagen.

Conclusiones: *La mejor calidad de imagen con una cámara digital se obtendrá usándola a su menor sensibilidad ISO equivalente.*

El uso de sensibilidades ISO mayores se traducirá en un aumento de pixeles distribuidos al azar, principalmente en las zonas de sombra de la imagen.

El ruido, a diferencia del grano, no será proporcional en toda la imagen, sino que se manifestará de forma más evidente en las zonas oscuras.

El ruido se manifiesta más en alguno canales que en otros.

Normalmente el canal **azul** suele ser el que contiene más ruido, seguido del **rojo,** por el contrario el **verde** es el menos afectado. En realidad el ruido está más relacionado con el nivel de la señal que con el canal de color en sí. A menos señal más relación de ruido.

Reducción del ruido:

Posteriormente se puede editar la imagen (en su conjunto o canales independientes) con la aplicación de un software específico que reducirá el ruido, pero teniendo presente que puede resultar en un **"empaste"** de la imagen si su aplicación no es la adecuada.

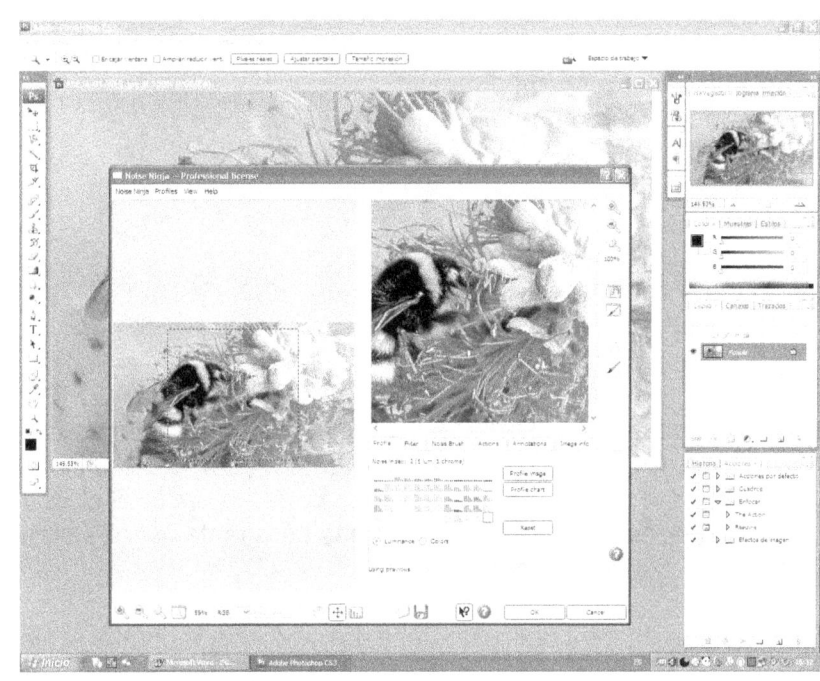

El uso de este software requiere conocimientos mínimos, y parte de la creación de una máscara del ruido de la imagen denominada – profile image – que considera los datos exif de la toma, tipo de cámara usada, etc...

Uno de los más conocidos es NoiseNinja y se integra como un plug-in en Photoshop permitiendo un control amplio de los ruidos en los diversos canales de color, luminancia etc...

22. Obturador

Volviendo a los términos estrictamente fotográficos, diremos que tanto en una cámara analógica como en una digital existen dos mecanismos que regulan la exposición:

El diafragma que permite el paso de mayor o menor cantidad de luz

El obturador que deja pasar la luz durante más o menos tiempo

La correcta conjunción de ambos permite la exposición correcta. El obturador es un mecanismo que deja pasar hacia el sensor una cantidad de luz concreta durante un determinado tiempo.

En las cámaras digitales el obturador tiene la misma función que en las cámaras analógicas, regular el tiempo de exposición, pero funcionalmente es distinto.

En las analógicas existe una cortina que cuando se abre o cierra deja pasar la luz, y ésta impresiona la película.

Objetos móviles	metros por segundo	km/h	Distancia objetivo en dist. focal	Dirección del movimiento		
				de frente	oblicuo	transvers.
Foliaje movido						
Personas a paso lento	1	3.6	1000	1/5	1/10	1/25
Niños jugando			500	1/10	1/25	1/50
Nadadores	a	a	200	1/25	1/50	1/100
Caballos al paso	2.5	9	100	1/50	1/100	1/250
Botes a remo						
Foliaje muy movido						
Personas a paso vivo			1000	1/10	1/25	1/50
Niños corriendo	2.5	9	500	1/25	1/50	1/100
Ciclistas	a	a	200	1/50	1/100	1/250
Caballos al trote	5	18	100	1/100	1/250	1/500
Tranvías						
Barcos						
Corredores	5	18	1000	1/25	1/50	1/100
Patinadores	a	a	500	1/50	1/100	1/250
Caballos al galope	10	35	200	1/100	1/250	1/500
Veleros			100	1/250	1/500	1/1000
Pájaros en vuelo						
Gimnastas, carreras ciclistas, remeros	10	36	1000	1/50	1/100	1/250
Botes a motor	a	a	500	1/100	1/250	1/500
Carreras de caballos	25	90	200	1/250	1/500	1/1000
Esquiadores, trineos			100	1/500	1/1000	1/2000
Planeadores, trenes, coches						
Carreras de coches	25	90	1000	1/100	1/250	1/500
Aviones	a	a	500	1/250	1/500	1/1000
	50	180	200	1/500	1/1000	1/2000
	50	180	1000	1/250	1/500	1/1000
Velocidades aún mayores	a	a	500	1/500	1/1000	1/2000
	100	360	200	1/1000	1/2000	1/4000

En las digitales compactas de nivel bajo y medio el tiempo de exposición se regula de forma electrónica. La duración depende del tiempo durante el cual se activan las células del CCD. Se trata de un control electrónico que no emite el clásico "clic" de las cámaras analógicas. En algunas compactas si hay obturador combinado con el diafragma.

En las Reflex a más del ruido del espejo, si que tenemos el obturador real, como en las analógicas, situado en el *Plano Focal*.
Está (normalmente) justo delante de la película o sensor y compuesto por dos láminas. Una lámina de apertura y otra lámina de cierre. Su funcionamiento es el siguiente: primero baja una lámina abriendo el obturador, posteriormente, según el tiempo de exposición seleccionado, baja la segunda cortina cerrando la apertura.

Otra cuestión a tener presente es la *sincronización con el Flash* que suele encontrarse entre 1/60 y 1/250 s. Esto es debido a que la primera cortina tarda un tiempo en realizar su recorrido, dándose el caso en que a velocidades altas la cortina de cierre se activa antes de haber terminado la primera cortina su recorrido

1-Objetivo, 2-Diafragma, 3-Obturador.

Con una cámara digital el fotógrafo no tiene la percepción del momento exacto en el que se realiza la fotografía. Cuando acciona el botón de disparo se pone en marcha un proceso en el cual se activa el sensor, se procesa la información y se archiva en el sistema de soporte. Si en una cámara analógica existe una concomitancia entre el hecho de apretar el botón y la realización de la fotografía, en una cámara digital no.

Cualquier fotógrafo sabe de la importancia de controlar este momento. Cuando fotografiamos personas, por ejemplo, necesitamos desarrollar un sexto sentido que nos permita intuir el gesto o la expresión de la persona a quien retratamos antes de que éste se produzca. Es preciso desarrollar una capacidad para captar la expresión del sujeto en un momento dado, anticipar una mirada o una posición y disparar en el momento adecuado.

Con una cámara digital esta relación entre intuición y momento del disparo se complica porque se desconoce el momento exacto de la exposición. Evidentemente cuando se fotografían paisajes no tiene ninguna importancia, pero en el retraso o la fotografía de sujetos en movimiento el control del momento del disparo es un factor crítico de éxito. Dado que existen diferencias importantes entre distintos modelos de cámaras respecto al tiempo de retraso en la exposición es recomendable que antes de comprar una cámara se conozca la velocidad y rapidez del disparo de cada modelo.

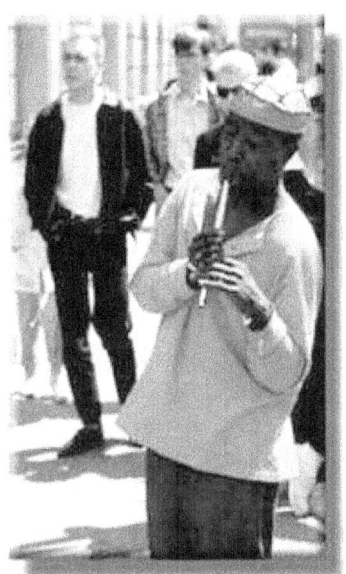

En la imagen adjunta se observan los valores en el anillo de velocidades de una Reflex analógica. En blanco las velocidades inferiores a 1 segundo, en rojo la mínima velocidad para asegurar la sincronización con el Flash, y en amarillo las velocidades iguales o superiores a un segundo.

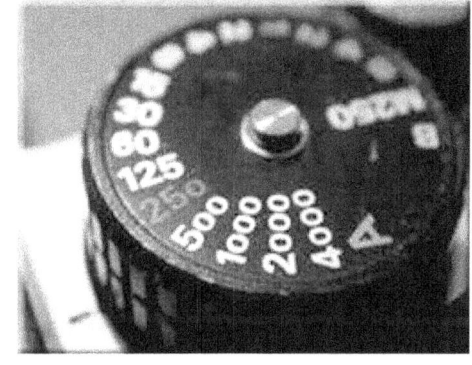

La misma escala se encuentra tanto en los modelos analógicos como digitales. El anillo de velocidades anterior corresponde a una Nikon FE-2, mientras que las muestras en el visor electrónico a una Nikon Coolpix.

El visor electrónico presenta diversas informaciones. Entre ellas el valor del obturador. En este caso, al igual que en el modelo analógico, es una velocidad de 1/250 seg.

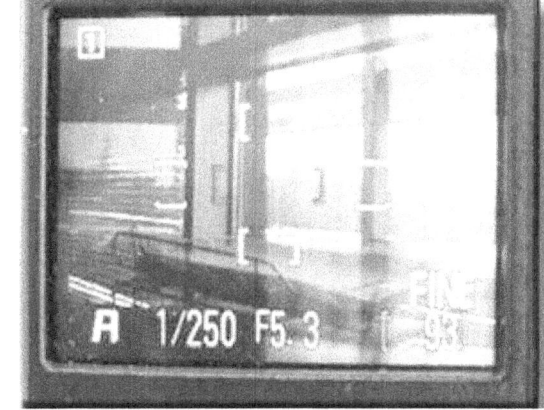

23. Escala de valores

Pasemos ahora a analizar qué significa esta escala de valores. En ambos modelos podemos encontrar la siguiente progresión:

S 4 2 1 2 4 8 15 30 60 125 250 500 1000 2000 4000 8000

Observamos inicialmente algunos detalles. Existen algunos valores repetidos. ¿Representan lo mismo los 8 , 4 y 2 amarillos que los mismos valores en azul? ¿Es indiferente el valor que usemos? Intentaremos responder a estos y otros interrogantes. Valga decir que los colores usados son puramente arbitrarios, y se han agrupado los valores de la escala con un objetivo puramente didáctico.

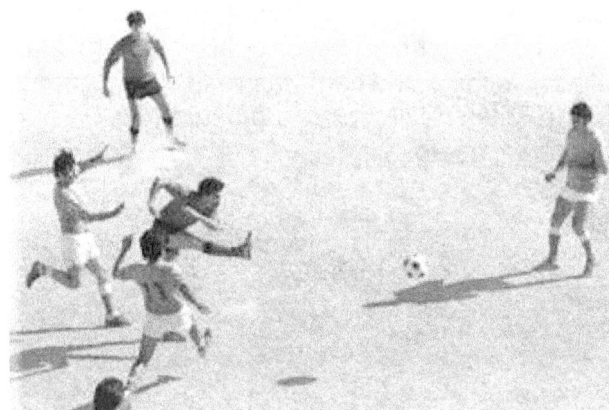

Las velocidades más habituales son las de 125 o 250. Significan que el obturador está abierto 1/125 segundos o 1/250 segundos. Normalmente en estas velocidades es fácil mantener el pulso y evitar así que la imagen quede movida. Especialmente en las cámaras rifles digitales, en las que existe un mecanismo que levanta un espejo en cada disparo, la vibración del movimiento puede provocar que una fotografía a 60 quede movida si el fotógrafo no tiene buen pulso. En las compactas, en las que no existen vibración, una velocidad así es perfectamente habitual.

Los valores más altos (situados a la derecha, en verde) representan velocidades de obturación cada vez más cortas. Los valores son el denominador de la fracción de 1 segundo dividido por cada valor en concreto. Así 1000, representa una milésima de segundo y 8000, un tiempo de un segundo partido por 8000. Obviamente, son velocidades muy cortas mediante las cuales es fácil congelar el movimiento de un motivo dinámico.

Cualquier fotografía deportiva en la que aparentemente se paraliza un movimiento rápido sirve como ejemplo.

EFECTOS: Jugando con valores cortos de exposición, se pueden crear efectos como la *Noche Americana* o recreación de una *Luz de Luna* a pleno Sol. Velocidades superiores a los 1/1200 para dejar la toma Sub-Expuesta (noche) y cerrando el diafragma para generar los efectos de reflejo en el agua, el resto es un tratamiento en Photoshop, deformación de prespectiva+marco+mano.

Por el contrario, los valores situados a la izquierda del 60, en rojo/amarillo en la escala, representan tiempos cada vez mayores. 30 significa un treintavo de segundo, 2 medio segundo, 1 un segundo. A estos valores es fácil que, a no ser que se utilice trípode, la imagen salga movida. La siguiente imagen, un capitel del claustro de la catedral de Girona, se captó a 1/4 a pulso y salió movida.

Los valores en amarillo situados a la izquierda de la tabla no deben confundirse con los mismos valores en azul. Mientras los primeros corresponden a 2, 4 y 8 segundos respectivamente, los segundos representan medio, un cuarto y un octavo de segundo.

Situados en estos tiempos de disparo, el uso del trípode o un soporte estable se hace imprescindible. La siguiente imagen nocturna de la ría de Bilbao se tomó a 8 segundos de exposición con la cámara apoyada en la repisa de una ventana. Las luces de los coches forman estelas de color a causa de la dilatada exposición.

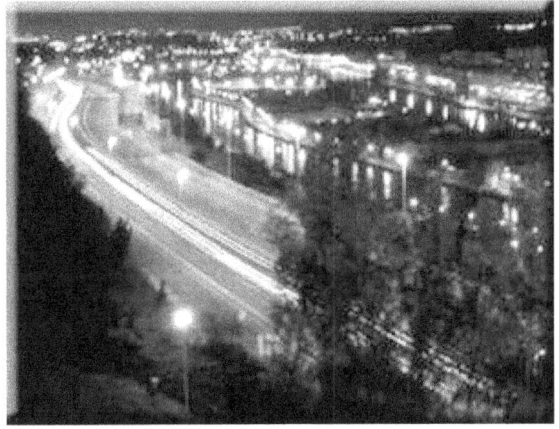

Una idea clave a retener es que cada uno de los valores del obturador representa el doble de tiempo de exposición respecto del valor situado a la derecha, y la mitad de exposición respecto del valor situado a la izquierda. Así, por ejemplo, una exposición de 125 deja pasar el doble de luz que una de 250 y la mitad que una de 60.

Como veremos en el siguiente apartado, esta escala geométrica se relaciona con una progresión análoga en los valores del diafragma.

Fotografía de un Eclipse Lunar (Marzo 2007) con 10 segundo de exposición, evidentemente sobre trípode y con disparador a distancia para evitar las trepidaciones.

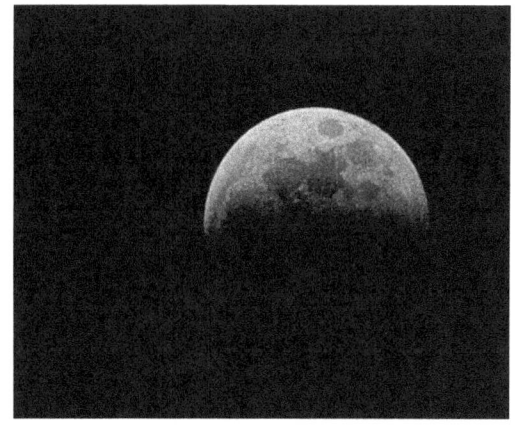

24. Exposición

El diafragma permite regular la cantidad de luz que llega al sensor. Habitualmente se trata de un conjunto de láminas en forma de iris que dejan una abertura central circular. Cuánto más pequeña es esta abertura, menor cantidad de luz penetra en el interior de la cámara. A la inversa, incrementar el diámetro implica el paso de una mayor cantidad de luz. Habitualmente, hablamos de abrir el diafragma para aumentar la luz y de cerrarlo para reducirla.

Al igual que en el caso del obturador aquí también nos encontramos con una escala de valores:

1,3   2,5   3,5 / 4   5,6   8   11   16   22

En este caso, los valores de la izquierda de la tabla suponen un diafragma abierto, mientras que a medida que avanzamos hacia la derecha el diafragma se cierra. Como en el caso del obturador, es importante recordar que cada valor supone el doble de luz del valor que se encuentra a la derecha, y la mitad del que se encuentra a la izquierda.

Así, un diafragma de 5,6 deja pasar el doble de luz que un diafragma 8, y la mitad que un diafragma 3,5 o 4.

En este caso hablamos de 3.5 o 4, porque son los valores equivalentes que emplean los distintos tipos de cámaras. En unas podemos encontrar el valor 3,5 y en otras el valor 4. Ambos representan una abertura de diafragma similar.

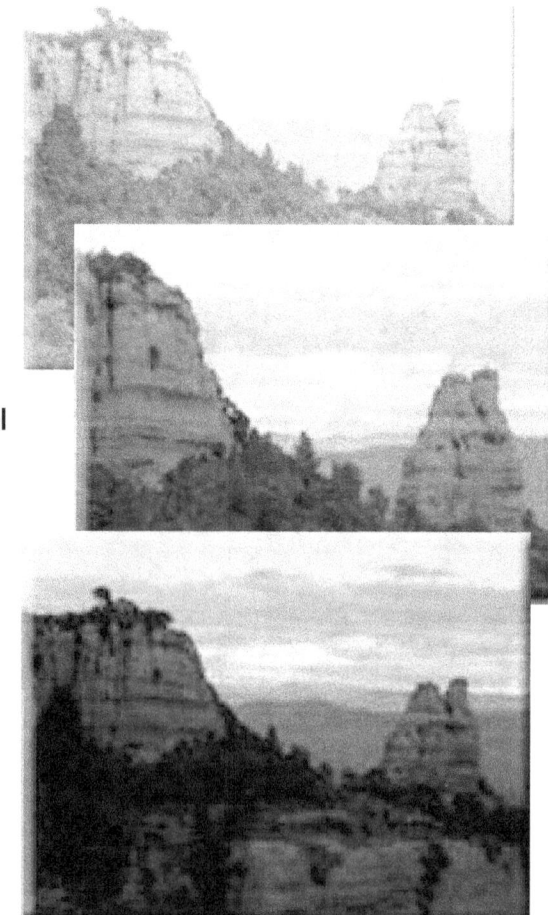

En esta serie de tres fotografías del parque natural de Sant Llorenç del Munt, todas han sido tomadas desde una misma localización. En la primera se enfocó el fotómetro hacia la zona rocosa donde la luz es menor. En consecuencia se abrió automáticamente el diafragma, por lo que la zona del cielo se quemó. El diafragma tenía un valor de 4,2.

En la segunda toma se apuntó el fotómetro hacia la zona media. El cielo está sólo ligeramente quemado, mientras la zona de rocas y árboles tiene detalle. El diafragma tenía un valor de 5,8.

Finalmente, la tercera fotografía se tomó con el fotómetro apuntado hacia el cielo. El detalle en éste es correcto, pero la zona de la montaña está excesivamente oscura. El valor del diafragma era de 6,8.

De toda la escala de valores que presenta el diafragma, las aberturas que ofrecen una mayor calidad óptica son las que se sitúan en la mitad del recorrido. Habitualmente se trata de los valores 5,6 o 8.

En todos los modelos existe una abertura máxima. En los casos más corrientes se trata de un valor 3,5 o 4. En los modelos de un nivel superior las aberturas pueden oscilan entre 1,8 y 2,5, aunque estos valores pueden variar ligeramente en función de cada marca. Normalmente los valores de luminosidad de cada objetivo se visualizan en la parte frontal de la óptica junto con los valores del zoom. El valor más luminoso corresponde a la posición angular del zoom, mientras que el menos luminoso es el válido para la posición teleobjetivo. La disminución de luminosidad corre paralela al cierre del ángulo visual que ocurre al cerrar el zoom.

A continuación podemos ver tres ejemplos.

Un objetivo Nikon con una focal entre 7,85 y 32 mm y una luminosidad de 2,6 / 5,1.

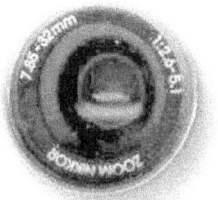

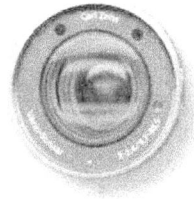

Un objetivo Carl Zeiss de una cámara Sony con una focal entre 9,7 y 48,5 mm y una luminosidad de 2 / 2,4.

Un objetivo Canon con una focal entre 7,1 y 21,3 mm y una luminosidad de 2,8 / 4.9

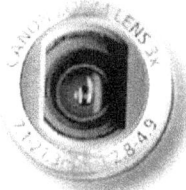

La luminosidad, es decir, la cantidad máxima de luz que puede recoger el objetivo, es uno de los factores que determina la calidad de un objetivo. La luminosidad, denominada a veces velocidad del objetivo, se expresa con la abertura máxima de diafragma a la que puede trabajar. Un objetivo luminoso presenta ventajas:

La imagen proyectada en el visor de la cámara será más luminosa y por lo tanto más fácil de enfocar, tanto manualmente como por medio del autofocus.

- Se podrán tomar fotografías con menos luz.

- Trabajar con un diafragma abierto potencia el uso del foco selectivo.

- La luminosidad se empresa mediante una relación entre el diámetro de abertura del iris y la distancia focal, Por tanto la Luminosidad de un objetivo ó número f, es el cociente entre su distancia focal y el diámetro de su abertura.

Diámetro del objetivo o Diafragma / Distancia Focal = 70mm / 280mm = f 4 ó f 1:4

El incremento de luminosidad se relaciona siempre con un incremento de precio. Es decisión de cada fotógrafo decidir si le interesa o no invertir en un presupuesto más alto.

Los factores para la decisión estriban en valorar un par de aspectos.

En primer lugar, hasta qué punto le interesa o precisa de realizar fotografías en situaciones de poca luz(con objetivos luminosos es posible fotografiar aún con condiciones pobres de iluminación). La siguiente imagen de la puerta de Elvira granadina se captó con la luz nocturna. La elevada luminosidad del objetivo contribuye a resolver satisfactoriamente estas situaciones.

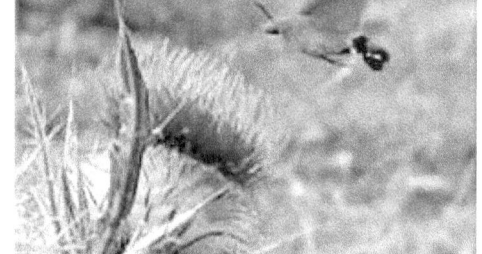

En segundo lugar, su interés por aplicar la técnica del foco selectivo. A diafragmas abiertos se facilita la posibilidad de centrar el foco sobre un punto determinado y dejar fuera de foco el resto. En el ejemplo siguiente, el hecho de disparar hacia un objetivo cercano con un diafragma abierto permitió emplear el foco selectivo dejando el fondo borroso.

La exposición correcta se obtiene a partir de la combinación de una escala de valores de obturador y diafragma. Así, supongamos que para una determinada cantidad de luz una combinación adecuada fuese 125 de velocidad de obturación y 8 de diafragma.

- Si modificamos estos valores de forma equilibrada la exposición seguirá siendo la correcta en múltiples combinaciones.

- Si aumentamos la velocidad al doble (250) deberemos compensar la pérdida de luz abriendo el diafragma al doble. Pasaremos éste a 5,6.

- Por el contrario, si reducimos la velocidad del valor inicial (y la ponemos en 60), será preciso reducir a la mitad la entrada de luz a través del diafragma. Lo pondremos por tanto en 11.

Si la combinaciones anteriores suponen la misma exposición. ¿ Podemos pues suponer que es indiferente utilizar una u otra ? Aunque podamos estar tentados a responder afirmativamente, la respuesta es no. Es cierto que las tres combinaciones representan la misma cantidad de luz, pero existen otros factores en juego.

El primer factor diferencial lo encontramos en la velocidad de obturación. Una velocidad de 500 es rápida y permite por tanto congelar el movimiento.

Es decir, los motivos en movimiento pueden reproducirse con nitidez. En cambio, una velocidad de 60 puede provocar la trepidación de la imagen si el fotógrafo no tiene suficiente pulso, no dispone de trípode o un sistema de estabilización.

También una velocidad de obturación lenta permite crear efectos interesantes. En la serie de fotografías anterior se captaron imágenes de la plaza de la Cibeles con una velocidad de 1 segundo. Las luces de los coches quedan reflejadas como estelas de luz La serie pertenece a un vídeo en el que los fotogramas sucesivos se encadenan a un ritmo rápido.

El segundo factor se relaciona con la abertura del diafragma. Un valor de 4, por ejemplo,

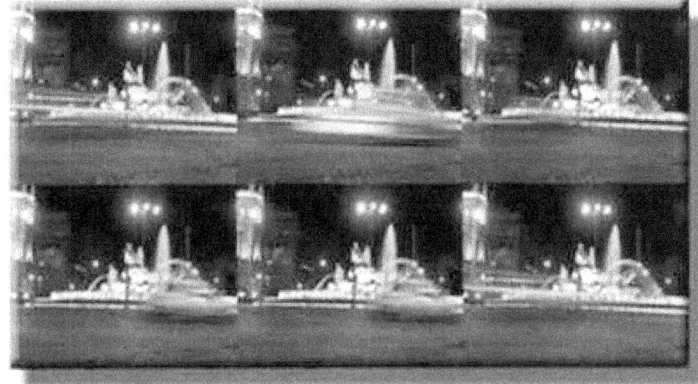

presenta una profundidad de campo reducida y favorece por tanto el foco selectivo. En cambio uno de 16 implica mucha profundidad de campo.

De las tres fotografías siguientes la primera se captó con un diafragma cerrado. El árbol del primer término y el monasterio del fondo están enfocados.

En la segunda, al aplicar un filtro polarizador disminuyó la entrada de luz a causa del uso del filtro. El diafragma se abrió para compensar la falta de luz y disminuyó la profundidad de campo. El árbol está fuera de foco.

Finalmente en la tercera se cerró el diafragma y se usó un trípode para poder usar una velocidad larga a pesar de la luz del sol. Entre la disminución de luz causada por el uso del filtro y la necesidad de cerrar el diafragma para obtener una profundidad de campo elevado, la velocidad de disparo era larga, y se hizo necesario el uso del trípode.

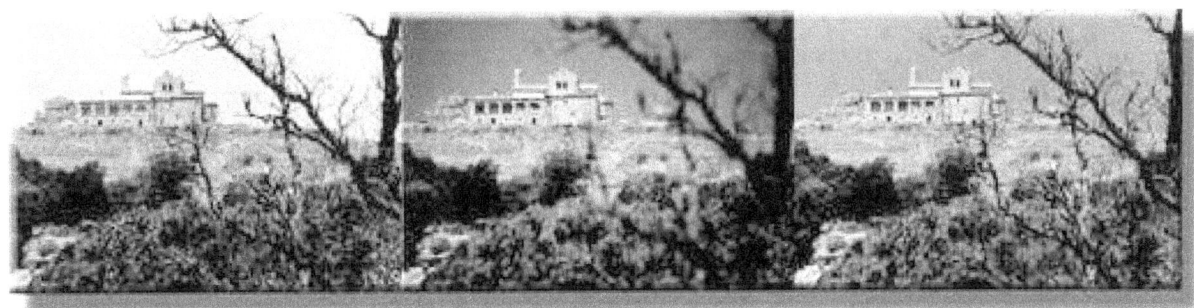

Cosas que debemos recordar sobre los Números F

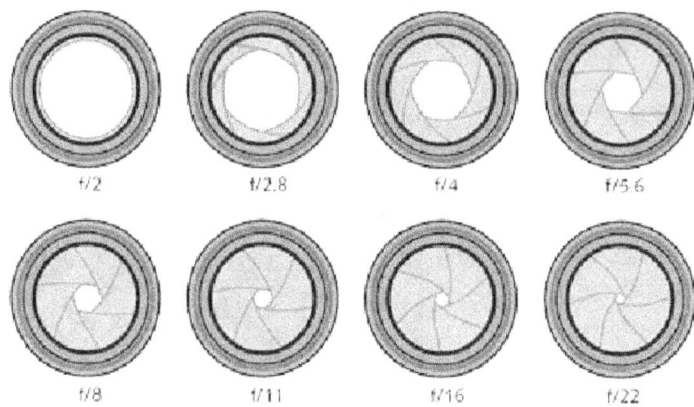

- El número F es un indicador de la apertura de la lente, refiriéndose a la apertura como una fracción de la distancia focal de la lente.
- F2.0 y f/2.o significan lo mismo. Simplemente, son dos representaciones diferentes.
- Un número F menor significa una apertura mayor, y por tanto, más cantidad de luz.
- Un número F mayor significa una apertura menor, y por tanto, menos cantidad de luz.
- Subir un full stop a un F mayor reduce la cantidad de luz a la mitad.
  Bajar un full stop a un F menor aumenta la cantidad de luz al doble.
- Si tu cámara permite saltos de 1/3, tendrás que mover tres veces el dial de la apertura para conseguir un full stop. Si Permite saltos de 1/2, tendrás que hacerlo dos veces.
- Una bajada de 1/2 stop reduce la cantidad de luz un 71%
- Una bajada de 1/3 stop reduce la cantidad de luz un 80%

Si recuerdas las clases de geometría, para reducir a la mitad el área de un círculo, tenemos que dividir el diámetro de la circunferencia por la raíz cuadrada de 2 = 1.41421356.

stop 0 = f/1.00000
stop 1 = f/1.41421
stop 2 = f/2.00000
stop 3 = f/2.82842
stop 4 = f/4.00000
stop 5 = f/5.65685
stop 6 = f/8.00000
stop 7 = f/11.31370
stop 8 = f/16.00000
stop 9 = f/22.62741
stop 10 = f/32.00000

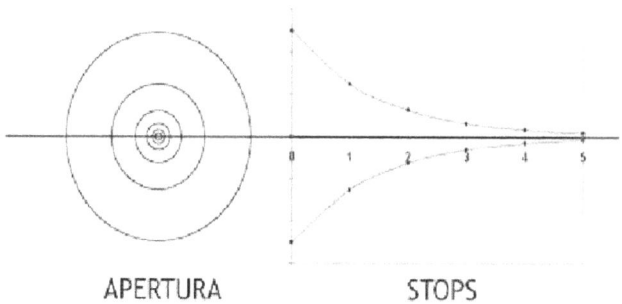

APERTURA   STOPS

Conclusión: un f/ pequeño indica que pasa más luz, por el contrario un f/ grande indica que pasa poca luz.

Al mismo tiempo vemos que con un f/ pequeño tendremos poca profundidad de campo, al contrario que con un f/ mayor la profundidad de campo aumentará.

5. Los modos de disparo

Sentados los principios básicos de la exposición correcta, debemos señalar que la cámara digital dispone (o puede disponer en función del nivel de prestaciones de cada modelo) de diversos modos de exposición que permiten automatismos diversos. Veamos los más habituales.

En el modo de programas predeterminados se presentan diversas situaciones en las que la cámara lleva a cabo los ajustes considerados idóneos para cada situación, o presenta ayudas en pantalla en los casos, por ejemplo, de las panorámicas o de las tomas macro.

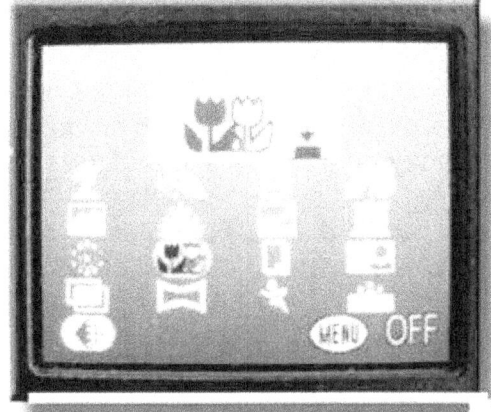

Habitualmente se encuentran diversos programas mediante los cuales se hace trabajar a la cámara en base a las necesidades de cada tema. Así, por ejemplo, en el programa de retrato se prioriza el enfoque sobre el motivo más cercano, en el de deportes se da prioridad a las velocidades de obturación altas y en el de panorámicas se presenta una digitalización parcial de la imagen que se acaba de captar, para ayudar a situar el encuadre siguiente.

Estas imágenes corresponden a los fuegos artificiales en la playa de La Concha. Se tomaron con el programa de fuegos artificiales de la cámara. Mediante éste se coloca automáticamente una velocidad de obturación lenta para así poder captar las estelas de los cohetes. También se ajusta la temperatura de color para exposiciones de interior, de modo que se compense el tono rojizo-amarillento de los fuegos.

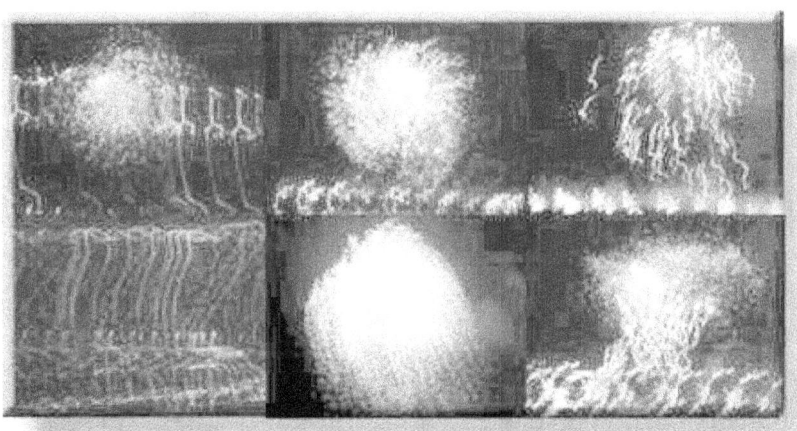

Las fotografías se dispararon a pulso, sin trípode. Por esta razón los puntos de luz se desplazan y reflejan el temblor del fotógrafo. Usar un programa predeterminado no asegura la toma correcta de las imágenes, en el ejemplo que nos ocupa era imprescindible estabilizar la cámara a causa de la velocidad de obturación lenta.

De todos modos los resultados de imágenes movidas pueden resultar estéticamente interesantes.

En el modo **P** (Programmed Auto) la cámara programa automáticamente la combinación de velocidad de obturación y abertura de diafragma que considera óptima para cada situación lumínica. En función de la luz disponible se ajustan los controles para lograr una exposición correcta, y en la mayoría de los casos el resultado es el correcto.

En este modo de exposición es posible modificar las combinaciones de velocidad / abertura que ofrece la cámara de modo predeterminado. En función del modelo que estemos utilizando normalmente existe algún tipo de control que permite variar las combinaciones de velocidad / diafragma. Naturalmente, todas las combinaciones ofrecen el mismo resultado en cuanto a la exposición. No así, como ya hemos mencionado, en cuanto a la profundidad de campo o la posible trepidación de la imagen cuando se emplean velocidades largas.

El fotógrafo dispone de la posibilidad de modificar la lectura automática de la cámara, bien mediante la compensación de la exposición o bien mediante el horquillado automático. Ambos conceptos se explican en un apartado posterior.

En los viajes turísticos la fotografía de viajes es una de las muestras paradigmáticas del uso de los automatismos de la cámara.

La idea generalizada es la de llegar y disparar. No obstante es importante señalar dos cosas. En primer lugar la medición de la luz.

Por más automatismos que funcionen en la cámara es el fotógrafo quien observa la escena y decide el lugar hacia el que apunta la cámara para medir la luz.

En segundo lugar la composición. De la escena típica a la toma creativa simplemente media la capacidad de ver. Aprender a observar y mirar no es en absoluto incompatible con compartir el viaje con los amigos.

En el modo **S** (Shutter Priority) o **TV** la cámara se coloca en el modo de exposición de prioridad a la velocidad de obturación. Esto significa que el fotógrafo selecciona manualmente la velocidad de obturación, y la cámara ajusta en concomitancia el valor de diafragma adecuado para lograr la exposición correcta.

Habitualmente, la cámara dispone de un sistema de aviso en el caso de que el fotógrafo seleccione unos valores de obturación que provoquen una exposición incorrecta.

Es el caso por ejemplo de escoger una velocidad de obturación muy alta cuando existe poca luz ambiental. Como el diafragma no puede abrirse indefinidamente a partir de un valor la fotografía quedará subexpuesta.

Esta modalidad de exposición resulta adecuada cuando trabajamos con motivos en movimiento que precisamos reproducir nítidamente. Como el ejemplo adjunto congelando el movimiento de las olas.

La fotografía de deportes es paradigmática del uso de este tipo de programas. En ella se utilizan velocidades de obturación altas para congelar situaciones que habitualmente tienen lugar de forma acelerada y rápida.

El modo **A** (Apertura Priority) **AV** es en cierto modo el inverso al anterior y en él la cámara se coloca en el modo de exposición de prioridad a la abertura. El fotógrafo selecciona un valor concreto de diafragma, y la cámara ajusta el valor necesario de obturación para lograr la exposición adecuada.

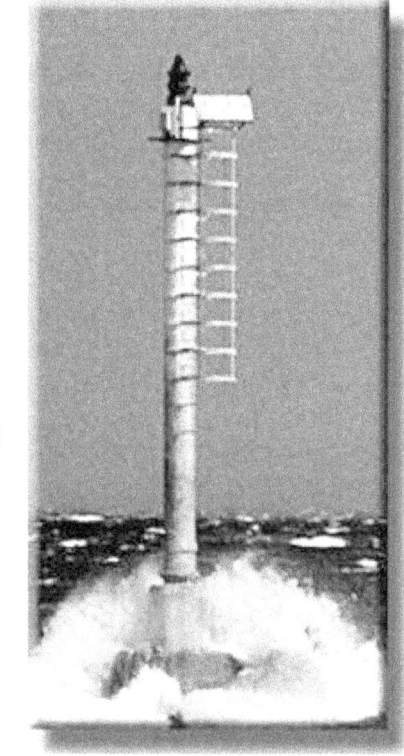

Como en el caso anterior, es preciso estar alerta para no escoger un valor que motive una sub o sobreexposición. En este modo de funcionamiento es preciso estar alerta para que un valor de diafragma excesivamente cerrado para una situación de luz concreta no obligue a utilizar una velocidad de obturación demasiado lenta.

Una combinación de diafragma 16 y obturación 2, por ejemplo, puede corresponder a una exposición correcta, pero a no ser que dispongamos de trípode difícilmente la imagen no trepidará. A no ser, claro está, que el fotógrafo tenga mucho pulso o busque recursos, como apoyar la cámara en una farola.

Este modo de exposición con prioridad a la abertura resulta adecuado cuando precisamos controlar la profundidad de campo.

Así, por ejemplo es útil en la fotografía de paisajes o en el retrato.

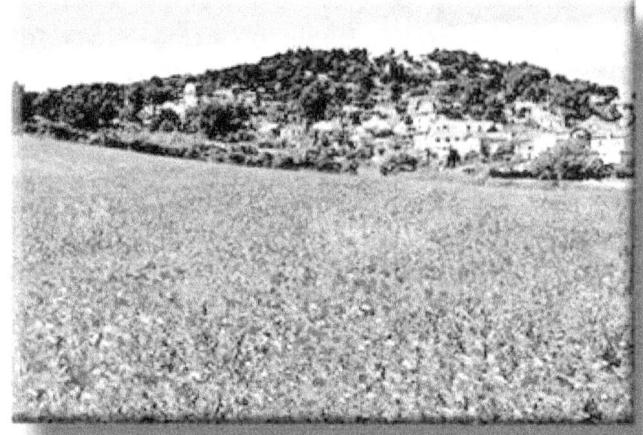

En ambas situaciones normalmente pretenderemos disponer respectivamente de poca y mucha profundidad de campo. Trabajar en este modo de exposición nos permite controlar con mayor precisión el diafragma utilizado, y por tanto inferir las características de enfoque o desenfoque de nuestra fotografía.

Finalmente, en el modo **M** (Manual) el fotógrafo tiene la libertad total de decidir los valores de diafragma y velocidad que coloca en la cámara. Así puede sub o sobreexponer si lo desea o precisa, para por ejemplo aplicar técnicas creativas.

También le permite exponer voluntariamente para las sombras o las altas luces.

En este modo es factible realizar exposiciones de varios minutos dejando el obturador abierto. En la fotografía del gato se optó por combinar una velocidad de obturación lenta que permitiera obtener un fondo movido, con el disparo del Flash que captó con más nitidez la cara del animal.

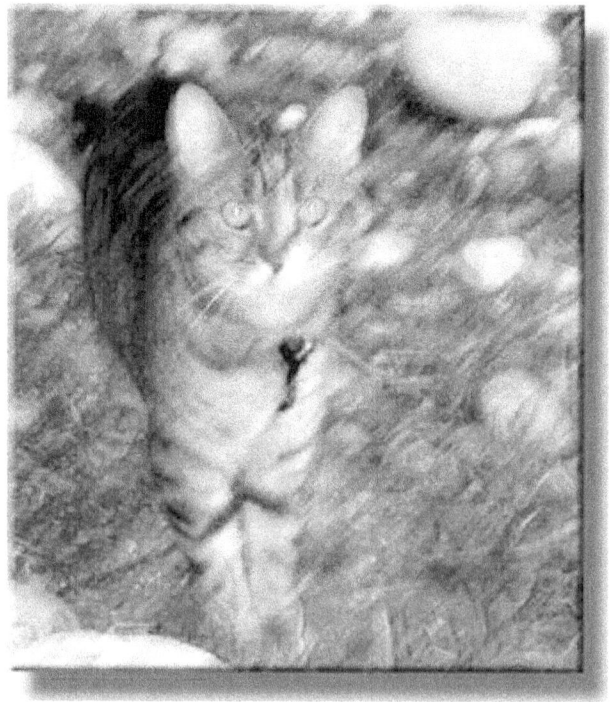

En las situaciones que acabamos de analizar, el control de la exposición o bien es asumido de forma automática por la cámara (modos AUTO, P, S, o A) o bien recae completamente en la voluntad del fotógrafo (modo M).

Ahora bien, existen tres procedimientos básicos para modificar la lectura de la luz que lleva a cabo la cámara.

Son el bloqueo de la exposición, la compensación de la exposición y el horquillado.

26. Bloqueo de la exposición

Supongamos una situación como la que se muestra en la siguiente comparativa En el paisaje existe una diferencia importante entre la luz de la zona del campo y la del cielo. En la imagen de la izquierda se enfocó el fotómetro de la cámara hacia el cielo, por lo que los árboles están subexpuestos. En la de la derecha se captó la luz de la tierra, provocando así que se quemara ligeramente el cielo. La cámara estaba en posición automática en ambos casos, pero se empleó el bloqueo de la exposición para llevar a cabo las dos lecturas.

Para llevarlo a cabo se enfoca la cámara hacia la zona o el área en la que queremos llevar a cabo la lectura. Se oprime un primer punto el disparador con lo que se bloquea la lectura realizada, y dicho sea de paso también el enfoque. Sin soltar el botón, se reencuadra, y finalmente se dispara.

Para poder realizar esta operación es preciso que la cámara la tenga como función.

El caso de una persona ante una ventana con una fuerte entrada de luz, por ejemplo, es una situación similar.

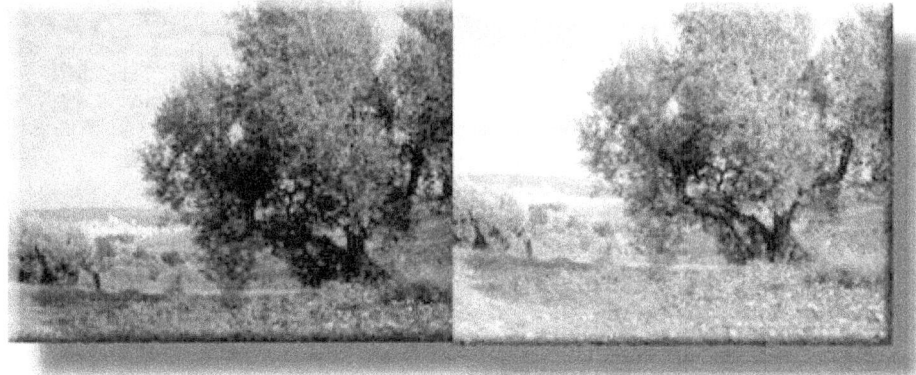

La lectura del fotómetro se desvirtúa, provocando así la subexposición del motivo principal.

Cuando la cámara dispone de bloqueo de la exposición, en estas situaciones se lleva a cabo el enfoque y la lectura de la exposición apretando un primer punto el disparador.

Mientras se mantiene apretado el botón, ambas lecturas quedan bloqueadas y es posible reencuadrar y conservar al mismo tiempo los valores medidos.

27. Compensación de la exposición

Tradicionalmente, la compensación de la exposición se usa para incrementar o disminuir ligeramente la lectura que el fotómetro realiza por defecto. El cielo excesivamente blanco de un día nublado provoca subexposiciones que pueden compensarse con incrementos del valor de la lectura. Por ejemplo, 1/3, 1/6 de diafragma o incluso un diafragma completo. Muchos fotógrafos subexponen ligeramente (normalmente 1/3) la película de diapositivas para lograr una mayor saturación de los colores.

En los modelos digitales también es habitual encontrar esta posibilidad, y podemos incrementar o reducir de tercio en tercio de diafragma hasta unos valores de +/- 2.

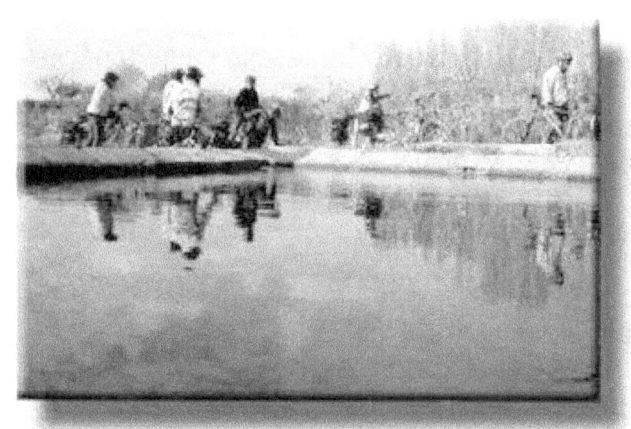

La imagen adjunta se sobreexpuso ligeramente para que la zona de los reflejos en el agua no quedara excesivamente oscurecida a causa de la lectura de la luz del cielo.

Las dos imágenes siguientes, al haber sido tomadas directamente sobre el agua, no precisaron de ninguna compensación en la exposición.

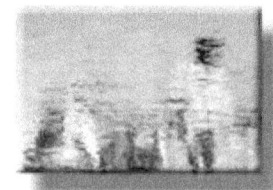
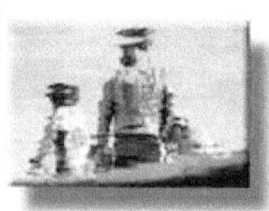

28. Horquillado y HDR

Existen situaciones en las que resulta difícil escoger el ajuste de balance de blancos apropiado y la combinación de velocidad de obturación y abertura de diafragma óptima para lograr una exposición correcta.

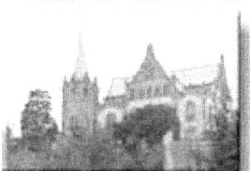

Tradicionalmente, el fotógrafo ha seguido una técnica para hallar la combinación de diafragma y velocidad óptimas, consistente en disparar series de fotografías de la misma situación o motivo con variaciones de habitualmente 1/3 de diafragma. En las variaciones sutiles entre una exposición y la siguiente se busca la impresión de un nivel de altas luces y zonas de sombra que ofrezca el máximo de detalle en todas las áreas.

Las cámaras digitales permiten la realización de forma automática de este conjunto de operaciones. El proceso recibe el nombre de **horquillado o (bracketing),** y consiste en la realización automática de series de fotografías con incrementos sucesivos de un valor de exposición que el fotógrafo puede especificar.

En la serie adjunta, por ejemplo, se ha seleccionado la opción de disparar 3 fotografías consecutivas con incrementos de 1/3 de diafragma en cada una. A partir de la primera lectura de luz la cámara ha llevado a cabo la seriación.

En la fotografía analógica, el ajuste de la temperatura de color óptima no es posible sin el uso de los filtros correctores que se sitúan delante de la óptica.

En la fotografía digital, en cambio, el ajuste del balance de blancos es una funcionalidad incorporada a las cámaras.

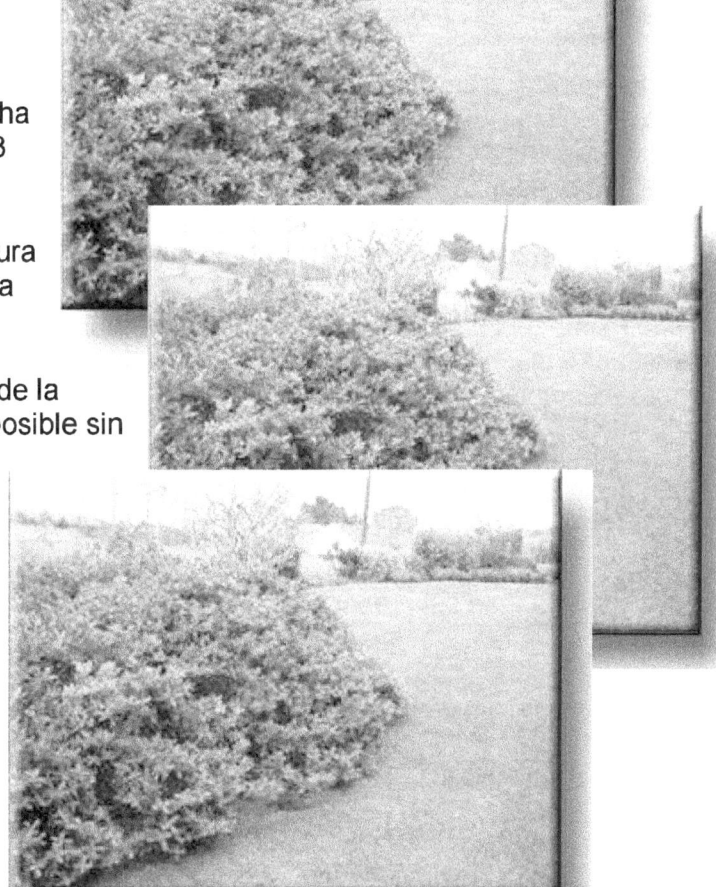

Al igual que en la situación anterior referida a la exposición existe la opción del *horquillado automático del balance de blancos*. En este caso, la cámara lleva a cabo series de tres fotografías en las que se ajusta progresivamente la temperatura de color desde un ajuste ligeramente cálido hasta otro con tendencia a colores más fríos.

En esta serie puede observarse cómo varían gradualmente los tonos de las tres imágenes. La diferencia desde un ligero naranja inicial hasta los tonos más fríos finales es muy sutil.

Se trata de un ajuste fino, no disponible en todas las cámaras, para que el fotógrafo pueda decidir posteriormente cuál es el ajuste de blancos que considera idóneo.

Imágenes de Alto Rango Dinámico o (High Dynamic Range Images, HDRI)

Partiendo de lo expuesto anteriormente, es decir tres tomas con diferente valor de exposición (no podemos varias el diafragma para no alterar la profundidad de campo) tenemos la posibilidad de crear imágenes HDR.

Todas ellas captan el mismo rango de luminosidades real, pero la diferencia de tiempo hace que cada una registre de forma óptima una parte de este rango:

La idea básica tomas idénticas con imagen resultante cada zona, como lo o un sensor que 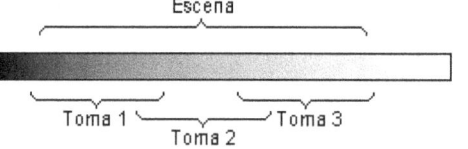 consiste en combinar varias diferentes exposiciones. La debe reflejar los detalles de hubiese hecho una película fueran capaces de abarcar todo el rango de luminosidades de la escena.

Usualmente, el tiempo de cada toma es del doble o el triple que la anterior, de manera que se solapan mucho y son más numerosas. Algunos programas que realizan procesos HDR agradecen que el número de tomas sea impar, de forma que haya una toma "central" de referencia.

Necesitamos un software específico para la gestión de las tomas y la creación de una final con capacidad HDR.

En la primera fase del procesado, el usuario casi no interviene. El programa puede leer los datos EXIF de las fotos y actuar en consecuencia.

En la segunda, sin embargo, se nos permite un control sobre la compresión del rango.

29 Reglas de los Tercios (Composición Aurea) y la del Horizonte:

La **Composición Áurea** es un método de división ideal de un rectángulo para componer una imagen basándose en puntos que unen a los lados entre sí. Esta división es tomada como apoyo compositivo, en la mayor parte de las obras, por los grandes maestros de la pintura.

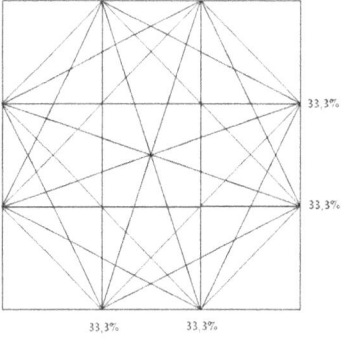

Un error común entre muchos fotógrafos, es la idea del encuadre perfecto o por el contrario no prestar a éste la menor atención, consiguiendo así una composición carente de interés y emoción.

Si por el contrario, utilizamos esta técnica, lograremos atraer la atención sobre un punto de la imagen. Esta regla fundamental en la fotografía consiste en trazar, imaginariamente, dos líneas horizontales y dos verticales, que dividan la imagen en 9 partes iguales.

Cada punto de unión de estas líneas, lo llamaremos punto fuerte.

Veamos algunos ejemplos:

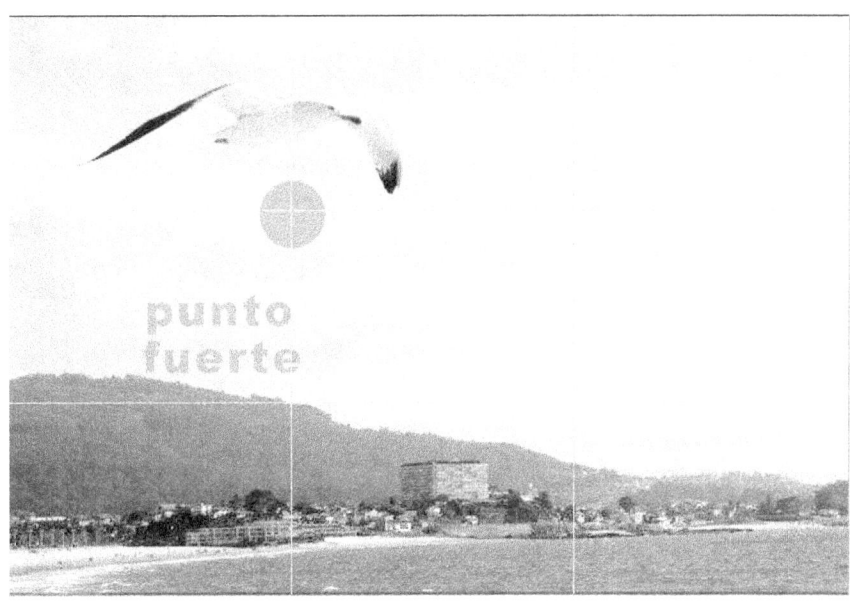

En esta foto, como vemos, se ha encuadrado al ave dentro de uno de los puntos fuertes, consiguiendo una imagen que centra la atención sobre lo que queremos resaltar, en este caso, al animal.

En los **retratos** (ver siguiente página) también es aconsejable y mejorará notablemente el resultado de la fotografía. Una persona situada justo en el centro de la imagen, es una toma sin espontaneidad, sin vida.

Si por el contrario utilizamos esta sencilla técnica, conseguiremos un trabajo más natural y a la vez mucho más atractivo.

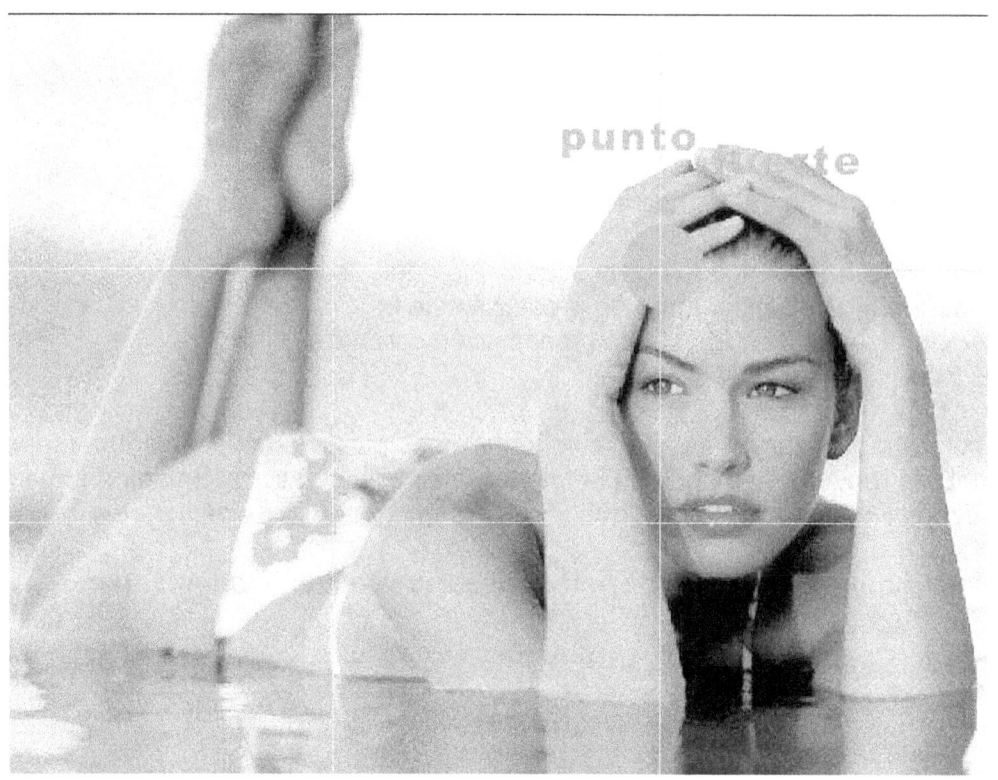

Por último, también podemos utilizar este método al tomar fotografías de paisajes. Si tomamos el horizonte en la mitad geométrica de la toma, conseguiremos un efecto aburrido y plano del paisaje.

Para conseguir darle viveza y profundidad a la toma, situaremos el horizonte en los márgenes de las líneas verticales.

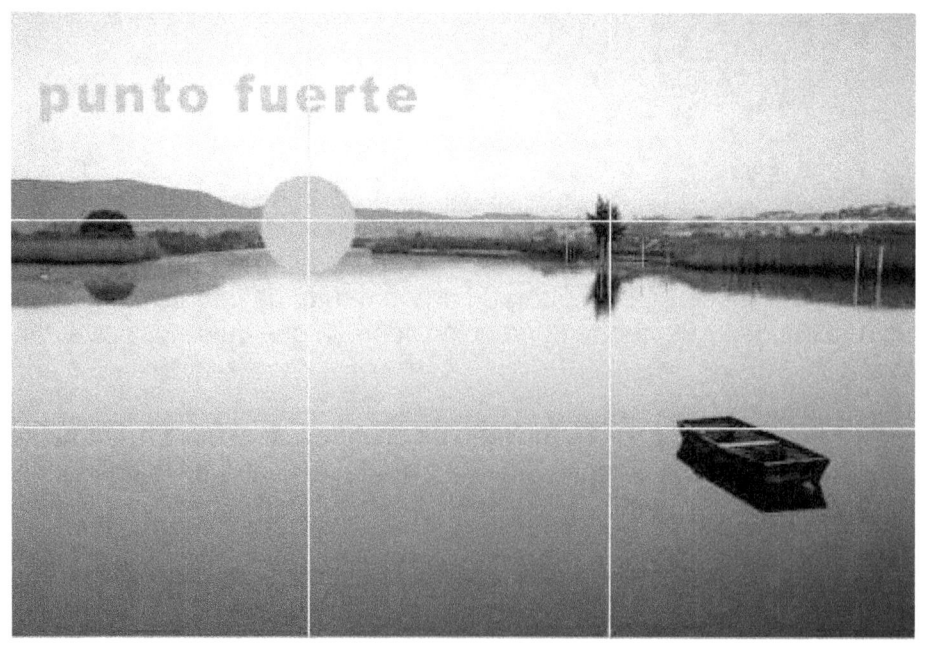

En este sentido, reseñar que existen cámaras que permiten visualizar en su LCD una rejilla (grid en inglés) para trabajar con los tercios, vale la pena revisar el manual de nuestra cámara si consideramos que nos puede ayudar a la hora de mejorar la composición.

Se puede hacer evidente esta regla con la visita a un museo o galería de arte.

Si nos fijamos en los cuadros expuestos, podremos comprobar, que si dividimos un cuadro en cuadrículas de igual tamaño de 3x3, las cuatro intersecciones de las cuadrículas dentro del cuadro marcan los puntos de interés.

Trazando esta cuadrícula imaginaria sobre la mayoría de las obras nos daremos cuenta de que elementos fundamentales del cuadro recaen sobre esas intersecciones: ventanas y puertas, ojos, líneas de horizonte, picos de montañas, ..

Está comprobado que llevando nuestro punto de interés a uno de esos cuatro puntos conseguimos una imagen mucho más impactante.

Esta técnica es aplicable a todos los estilos de fotografía, con excepción de los macros (pero no siempre), o aquellas composiciones que, por su alto contenido de elementos, no sea posible enfocar uno sólo.

REGLA DEL HORIZONTE

Esta regla es una variante de la llamada regla de los tercios.

Cuando queremos fotografiar, por ejemplo, un paisaje, debemos tener claro antes de disparar la cámara qué parte de la imagen queremos resaltar.
Si tratamos nuestra foto como si de un cuadro se tratase, y nos imaginamos que nos la delimita su marco, tendremos lo que hemos visto como encuadre.

Al realizar una composición, tendemos de forma natural a la simetría en la imagen. Casi todos queremos la foto perfectamente encuadrada, consiguiendo, en la mayoría de los casos, un efecto contrario al que pretendemos. situando el horizonte justo en la mitad de la imagen, partimos en dos la fotografía, consiguiendo desde el punto de vista estético, un efecto poco atrayente.

Dicho lo cual, debemos huir, en la medida de lo posible, de la *simetría*. Sobretodo en los paisajes, debemos tener en cuenta esta regla.

Veamos dos ejemplos en los que se ha utilizado esta regla.

En esta imagen se ha querido dar protagonismo al cielo, y como vemos, se ha situado el horizonte en el tercio inferior de la imagen.

Con esta técnica hemos conseguido centrar la atención sobre el cielo, y el impacto visual es evidente.

Sobre esta imagen hemos querido que las dunas del desierto predominen en nuestra fotografía, para conseguirlo sólo tenemos que situar el horizonte en el tercio superior del encuadre.

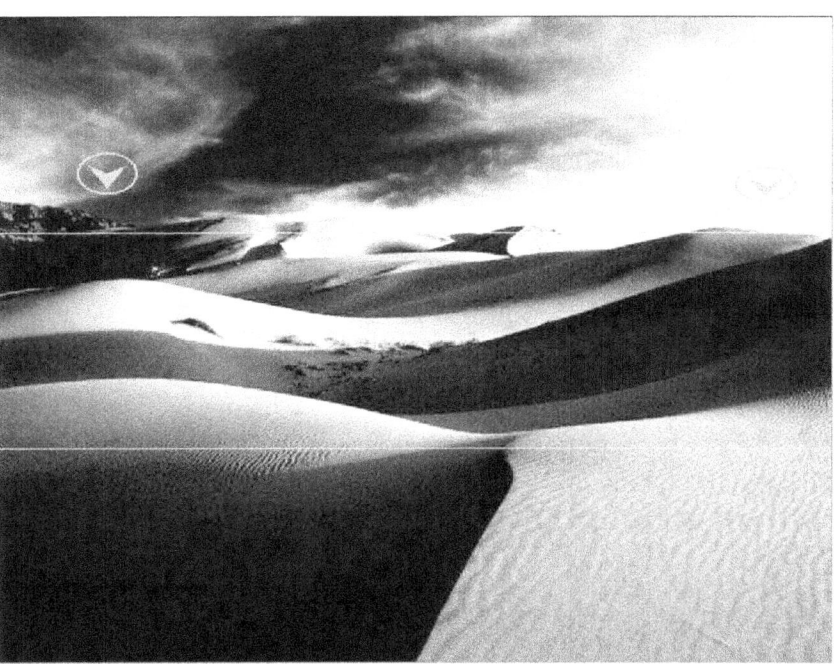

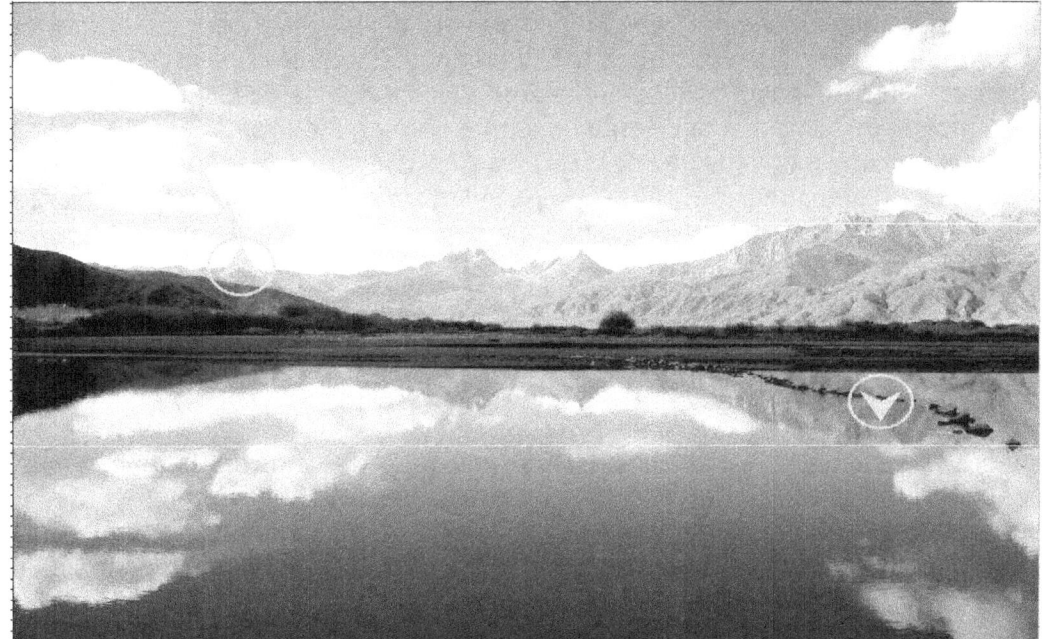

Hay casos, como en esta imagen, en la que no se ha seguido esta regla, y dada la absoluta belleza del conjunto, podemos obviar la simetría en favor de la imagen. Aunque si nos fijamos, el autor ha querido partir la imagen en dos para mostrarnos un efecto espejo.

Por consiguiente, esta es una regla a tener en cuenta, pero como todas las reglas, también tiene excepciones.

Suele decirse que para saltarse una regla primero hay que conocerla...¡

30. Formatos de la imagen digital y Almacenamiento

Son maneras de guardar una imagen digital, tratándola para que ocupe, "pese", poco y en ese proceso puede o no generar pérdidas de datos, es decir de calidad.

Formato	Compresión/Tipo	Profundidad de Color	Uso típico.
TIFF	Opcional/Sin pérdida	De 1 a 64 bits	Imagen alta calidad
RAW	Sin pérdida	48 bits	Cámara digital - Optimo
JPEG 2000	Con pérdida	De 8 a 32 bits	Cámara y Gráficos
JPEG-JPG	Con pérdida	De 8 a 24 bits	Cámara Digital-Int.
GIF	Sin pérdida	De 1 a 8 bits	Internet-Poco peso
PNG	Sin pérdida	De 1 a 48 bits	Graficos,Software
DNG	Sin pérdida	De 8 a 32 bits	Adobe Raw
PSD	Sin pérdida	De 1 a 64 bits	Edición y Manipulación

TIFF: es uno de los formatos de almacenamiento sin pérdidas, ya no suele usarse como formato de grabación en las cámaras digitales. También se usa en los programas de retoque de imágenes digitales. Es un formato de almacenamiento de la más alta calidad. Admite una profundidad de color de 64 bits, aunque gracias al uso de un algoritmo de compresión sin pérdidas consigue reducir su nivel de espacio.

RAW: se usa como alternativa superior al TIFF. Consiste en almacenar directamente la información que procede del sensor de la cámara digital y *sin ajuste de compensación de blancos*. Si hubiera que convertirla a TIFF el proceso tendría una mayor demora y requeriría mayor espacio de almacenamiento. Los formatos RAW suelen ser distintos entre los fabricantes. Como inconveniente tiene que para poder trabajar con las imágenes en un PC o para imprimirlas hay que llevar a cabo su conversión a otro formato estándar, lo cual lleva un cierto tiempo, es decir hay que *Revelar este Negativo Digital* mediante el software adecuado. El propio de cada firma o genéricos como *AdobeCamaraRaw* u otros.

JPEG 2000: es una norma de compresión de imágenes basada en transformación de ondas. Fue creada por el comité Joint Photographic Experts Group que anteriormente había creado el algoritmo JPEG. Su objetivo fue el de mejorar el algoritmo JPEG, basándose en una transformación discreta del coseno. Usualmente los archivos con este formato utilizan la extensión .jp2 o JP2K. puede trabajar con niveles de compresión mayores a los de JPEG sin incurrir en los principales defectos del formato anterior con altas tasas de compresión. Sus principales desventajas están en que tiende a emborronar más la imagen que JPEG incluso para un mismo tamaño de archivo (pero sin formar bloques), y que elimina algunos detalles pequeños y texturas, que el formato JPEG normal sí llega a representar. La implantación no ha sido, ni es, la esperada. No libre.

JPEG: es uno de los formatos más populares, siendo uno de los más usados también en Internet. Permite almacenar y transmitir las imágenes ocupando muy poco espacio, aunque con pérdidas de calidad. Afortunadamente se puede decidir el nivel de pérdidas (y por tanto de calidad) que se desea tener. Aún con los niveles de calidad más altos en JPEG el ahorro de espacio es considerable frente a, por ejemplo, un fichero TIFF

GIF: es el otro gran conocido de los internautas. Utiliza un algoritmo de compresión sin pérdidas. Sin embargo, la calidad en las imágenes no llega a ser muy alta por su limitada profundidad de color (sólo 8 bits). Permite transparencias e imágenes rodantes (que reciben el nombre de GIFs animados)

PNG: otro de los formatos de Internet, aunque no tan popular como los dos anteriores. Ha sido concebido como el sustituto de GIF, incrementando su profundidad de color (hasta los 48 bits) y usando un mecanismo de compresión sin pérdidas mejorado.

DNG: El negativo digital (DNG) es un formato de archivo disponible de forma pública diseñado por Adobe para los archivos sin procesar que generan las cámaras digitales. El DNG suple, así, la falta de un estándar abierto para los archivos sin procesar (RAW) generados por diferentes modelos de cámaras, al tiempo que permite que los fotógrafos accedan a sus archivos en el futuro.

PSD: se trata del formato nativo del conocido programa de retoque fotográfico ***Photoshop.*** Admite capas, texto y almacena el estado de edición / manipulación en que puede haber quedado una imagen. Permite almacenar las imágenes con la calidad más alta, aunque a costa del uso de un gran espacio en disco.

COMO SE GUARDAN LAS IMÁGENES:

MAPA DE BITS. Hay dos formas de guardar las imágenes digitales, Vectoriales y en Mapa de Bits, las imágenes vectoriales se usan para gráficas, rotulación, dibujo etc... las fotos digitales se guardan como **Mapa de Bits, Bitmap** (no confundir con WindowsBitmap), Mosaico de Pixels o Imagen Rasterizada. En ellos el color de cada pixel está definido individualmente; por ejemplo, una imagen en un espacio de color RGB, almacenaría el valor de color de cada pixel en tres bytes: uno para el verde, uno para el azul, y uno para el rojo.

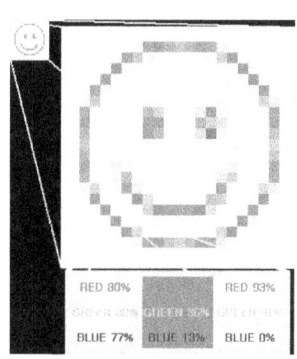

Es una estructura o fichero de datos que representan generalmente una rejilla rectangular de pixeles o puntos de color, denominada ***Raster***, en un monitor de ordenador, papel u otro dispositivo de representación.

Los formatos vistos anteriormente (jpg,tiff etc...) son formas estandarizadas de tratar el original Mapa de Bits y lograr que una tarjeta, un ordenador, impresora etc... pueda entenderlos, gestionarlos y almacenarlos ocupando más o menos y con mejor o peor eficacia según sus características.

Almacenamiento: la tarjeta de memoria.

Tarjetas de almacenamiento disponibles, el mercado
evoluciona muy rápido en especial en cuanto a las
capacidades.
(abreviado en inglés DRM, de Digital Rights Management)

Nombre	Sigla	Dimensiones	DRM
PC Card	PCMCIA	85.6 × 54 × 3.3 mm	None
CompactFlash I	CF-I	43 × 36 × 3.3 mm	None
CompactFlash II	CF-II	43 × 36 × 5.5 mm	None
SmartMedia	SM / SMC	45 × 37 × 0.76 mm	None
Memory Stick	MS	50.0 × 21.5 × 2.8 mm	MagicGate
Memory Stick Duo	MSD	31.0 × 20.0 × 1.6 mm	MagicGate
Memory Stick Micro M2	M2	15.0 × 12.5 × 1.2 mm	MagicGate
Multimedia Card	MMC	32 × 24 × 1.5 mm	None
Reduced Size Multimedia Card	RS-MMC	16 × 24 × 1.5 mm	None
MMCmicro Card	MMCmicro	12 × 14 × 1.1 mm	None
Secure Digital Card	SD	32 × 24 × 2.1 mm	CPRM
miniSD Card	miniSD	21.5 × 20 × 1.4 mm	CPRM
microSD Card	microSD	11 × 15 × 1 mm	CPRM
xD-Picture Card	xD	20 × 25 × 1.7 mm	None
Intelligent Stick	iStick	24 x 18 x 2.8 mm	None
µ card	µcard	32 x 24 x 1 mm	Unknown

Podemos pasar el contenido de la tarjeta al PC, mediante comunicación USB 1.1 o 2 o bien
insertándola en un lector apropiado. La recomendación es el uso de la descarga por USB,
la extracción repetida de la tarjeta, en especial en la cámara, es más arriesgado para la
integridad en especial de los conectores.

RAW: Ampliado el tema de este formato, es lo más parecido a un *Negativo Digital*, es la
imagen prácticamente sin procesar que nos permitirá con el software adecuado proceder a
un autentico *Revelado digital*.
Podremos controlar los niveles de luz, contraste, compensación de blancos etc... con total
libertad generando una imagen de salida en JPEG, TIFF, PSD etc.. según nos interese.

*Casi todas las cámara permiten trabajar en este formato, desde mi punto de vista si
un modelo no lo admite sería suficiente para NO considerar su compra.*

31. Gestión de las fotos (Descarga y organización)

Una vez logradas las tomas que deseamos procede la descarga de las mismas a algún sistema que permita almacenarlas, verlas y en su caso editarlas y/o retocarlas.

Lo más común es vaciar la tarjeta de la cámara en un Ordenador Personal, portátil o de sobremesa.

Dando por descontado de que disponemos de dicho ordenador, con unas mínimas prestaciones (el tema del ordenador da para otra historia), procedemos a la comunicación Cámara+Tarjeta con el PC, para descarga de las fotos, como hemos visto.

Tenemos básicamente dos opciones la conexión mediante cable USB o por medio de la inserción directa de la tarjeta en un lector apropiado, lo más recomendable por seguridad de uso es utilizar el cable USB.

Para gestionar la descarga será menester algún tipo de software y si al mismo tiempo procede a su archivo ordenado y clasificación... pues mejor.

Disponible en el mercado y en la red, hay muchos pero uno muy recomendable, gratuito y de fácil uso es Picasa2 de Google. Esta utilidad nos permite gestionar íntegramente todo el proceso, la clasificación de nuestras fotos, edición elemental de las mismas e incluso algunos retoques.

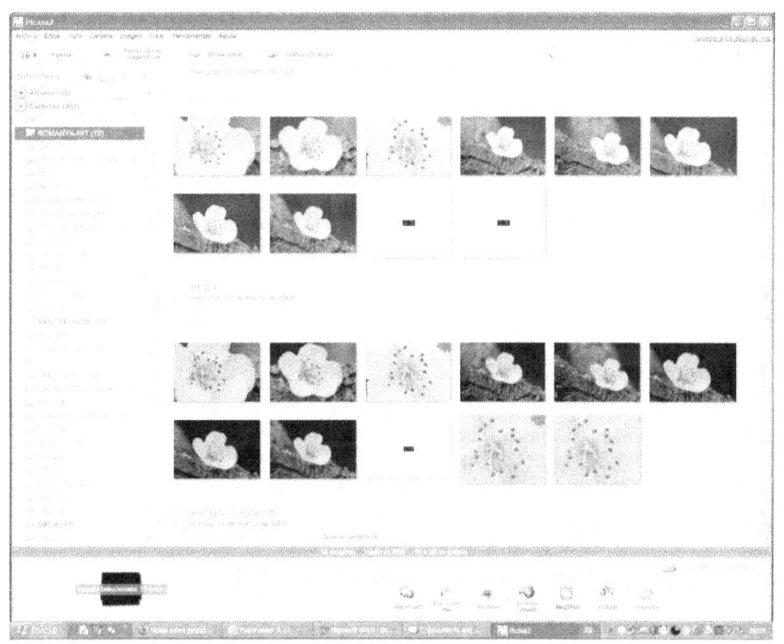

La edición de una fotografía ha de permitir la corrección de todos o algunos de los parámetros que deseemos mejorar o simplemente solucionar un fallo en la toma.

Podremos aumentar la luz, el contraste, anular los ojos rojos, recortar, etc...

Por otra parte hay la posibilidad de efectuar algunos retoques elementales pero de gran efectividad.

Mejorar el enfoque, control del color, difuminados parciales, B&N, etc...

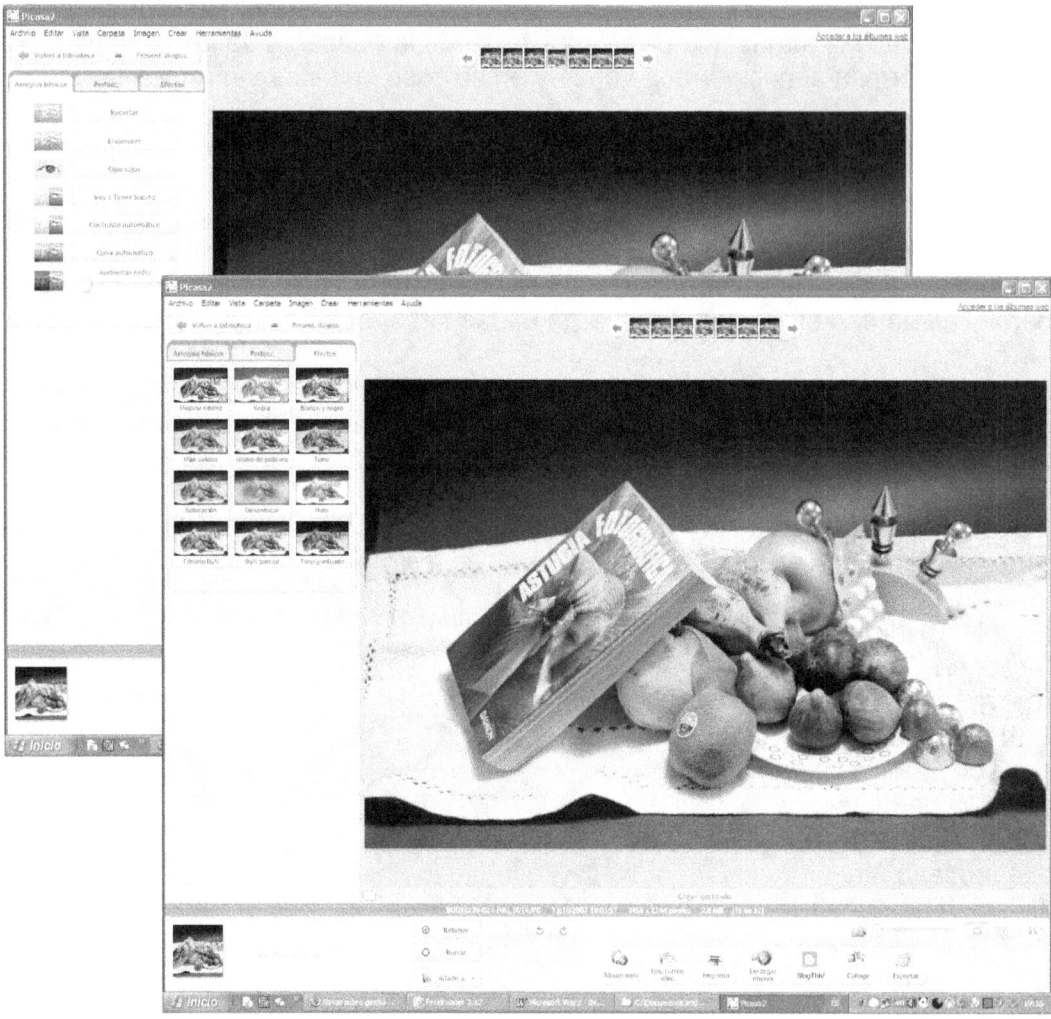

DATOS EXIF es una especificación para incluir *metadatos* en algunos formatos de ficheros (entre los que se encuentran imágenes JPEG, TIFF o recursos RIFF: WAV, AVI, etc...) creada por JEIDA (Japan Electronic Industry Development Association).

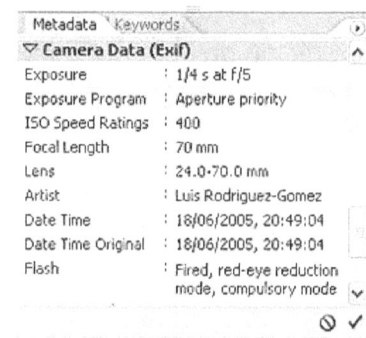

En otras palabras, se trata de un sistema propuesto (en la actualidad muy extendido y utilizado) para guardar información adicional en algunos tipos de ficheros, especialmente gráficos.

Nos serán muy útiles en el tratamiento posterior de las imágenes.

Metadatos: Literalmente «sobre datos», son datos que describen otros datos. En general, un grupo de metadatos se refiere a un grupo de datos, llamado recurso. El concepto de metadatos es análogo al uso de índices para localizar objetos en vez de datos.

32 La Impresión Fotográfica:

Una de las grandes dudas que asaltan a algunos usuarios de cámaras digitales es: "¿Puedo revelar mis fotografías digitales? ¿Solo puedo ver las fotos en el ordenador o en el televisor?". La respuesta es: "Si, se puede".

Se puede imprimir fotografías digitales, existiendo varias opciones, que abarcan desde la impresión casera con una amplia gama de impresoras que van desde la más básica de chorro de tinta a color a los últimos modelos de impresoras específicas para fotografía digital orientadas al mercado doméstico, hasta la impresión profesional en centros de revelado.

La primera duda que nos salta, "¿a que tamaño tengo o puedo hacer mis fotos?".

Para poder decidir apropiadamente, necesitamos manejar tres conceptos.

1) Tamaño de la imagen

Es el tamaño medido en número de puntos (píxels): ancho x alto

En función de la cámara, podremos disponer de distintos tamaños, como 1024x760, 1600x1200, 2272x1704, etc.…

2) Resolución de la imagen

Se mide en puntos por pulgada (ppp; en inglés, dots per inch (dpi))

3) Equivalencia entre pulgada y centímetros

1 pulgada equivale a 2,54 cm.

El concepto de pixeles de resolución lo tenemos todos más o menos claro y lo hemos visto anteriormente. Pero, ¿cómo paso esto a papel? ¿Se verá bien? ¿Hasta qué tamaño puedo imprimir?

A la hora de imprimir nuestra fotografía en papel, el tamaño final que ocupará nuestra foto dependerá de la resolución de impresión. De este modo, cuanto menos resolución apliquemos a la impresión, mayor tamaño en papel obtendremos. Pero la pregunta clave es: *¿cuál es la resolución normal a la que imprimen los centros de revelado profesionales y cual es la mínima aplicable para que el resultado sea bueno?*

En principio, los procesos de revelado actuales suelen conseguir un nivel normal de resolución de **300 ppp** (pueden llegar a 400 ppp y más) aunque a partir de **150 ppp** los resultados pueden ser más que aceptables.

A partir de los tres elementos, generamos una fórmula que se puede aplicar para resolver la siguiente pregunta: ¿Que medida en centímetros tendrá una fotografía impresa según su tamaño en pixeles y la resolución en ppp? tamaño del papel (cm) = (tamaño fotografía (pixeles) * 2,54 cm/pulgada) / resolución (puntos por pulgada)

Ante todo partamos de que tienes una foto de buena calidad. Esto es: sin ruido ni demasiada compresión JPEG que pueda aportar "artefactos". También notemos que al decir "ampliar" o "imprimir" nos referimos al hecho de hacer una copia en papel, lo mismo revelándola en un laboratorio que por impresora. El hecho de imprimirlo en casa puede implicar que previamente tengamos que hacer un redimensionado de la imagen con una interpolación para adecuarla al tamaño final según la resolución que de la impresora, mientras que para revelar ese trabajo lo hacen normalmente en el laboratorio.

Y por ultimo un aviso previo: la calidad de una imagen depende MUCHO de la calidad de la óptica, del sensor y del Firmware de la cámara: puede dar mejores resultados una foto de 2 MP que otra de 4 MP de una cámara MALA.

Para saber como influye el tamaño en la calidad, vamos a hacer una primera generalización y daremos la siguiente tabla de calidades relativas de una fotografía:

> 10 -> Calidad Fotográfica (inmejorable)
> 8 -> Calidad Excelente (prácticamente indistinguible)
> 6 -> Calidad Buena
> 4 -> Calidad Regular

Si traducimos las medidas que habitualmente se manejan, podemos dar una primera regla de calidad simplemente equiparándola a los "puntos por milímetro" (ppm) que resulten (de dividir el numero de píxeles por el tamaño de la ampliación).

Ejemplos de aplicación:

- ¿Que calidad resulta de una foto de 2 MP (1600x1200) impresa a 13,5x18? calculamos 1600/180 = 8,9 .Es decir: casi fotográfica.

- ¿A que tamaño podemos ampliar una foto de 3 MP (2048x1536) con muy buena calidad? dividimos 2048/6 = 341 mm. O sea: hasta 25x34 !

[Inciso: He obviado la jerga habitual de hablar en puntos por pulgada (ppp) por comodidad, y asumido que muchos laboratorios trabajan a 300 ppp o 250 ppp (o sea: 12 o 10 ppm) y el resultado es idéntico]

Dicho esto, pasemos a analizar otro aspecto de las ampliaciones: A partir de determinado tamaño no están hechas para verse de cerca (como se ve una foto de 13,5x18) sino que las veremos a una distancia proporcional. Una foto como la resultante del ejemplo anterior (25x34) la vamos a ver al menos a 80-100 cm. Y visto desde esa distancia el ojo tiene menos capacidad de resolución, por lo que la "calidad aparente" es mayor que la dada por la regla básica.

Así, para tamaños superiores a 25 cm, podríamos dar la siguiente simple formula para el calculo de la calidad:

Calidad = 80 x Nº MegaPixels / Ancho de la foto (en cm)

Ejemplo: Una foto de 6 MP impresa en 50 cm de ancho tiene una calidad de: 80x6/50 = 9,6 o sea, perfecta! (lo cual no quiere decir que si se ve desde cerca se vea perfectamente nítida. Solo si se ve desde una distancia adecuada de observación).

Nota final: Una foto impresa a mas de 10 ppm no mejorara su calidad en absoluto. Así el resultado de imprimir a 13,5x18 una foto de 6 MP o una de 3 MP sacadas con la misma cámara será idéntico. En cambio si la 2ª esta sacada con una cámara de 3 MP NO será exactamente lo mismo. Esto se debe a que, como sabes, el CCD no capta mas que un solo color para cada píxel (1 de cada 4) y el resto los interpola (**ver máscara Bayer**). Así en la foto de la cámara de 6 MP sacada a 3 MP tenemos mas información de color y de detalle que en la de 3 MP.

Cuadro resumen:

(Codificacion de colores según calidad : Fotográfica Excelente Buena Regular Mala)

Resolucion \ -- Ampliacion -->	11x15	13x18	15x20	20x27	30x40	45x60	60x80	75x100
2 MP (1600x1200)								
3 MP (2048x1536)								
4 MP (2272x1704)								
5 MP (2560x1920)								
6 MP (2816x2112)								
7 MP (3072x2304)								
8 MP (3264x2448)								
10 MP (3872x2592)								

La Impresión en casa o en el laboratorio:

El espacio de Color:

El tema del espacio de color lo hemos visto anteriormente, la buena noticia es que la mayoría de impresoras de inyección de tinta SÍ pueden representar una gama de colores más amplia que sRGB.

En ese caso, si partimos de una imagen en Adobe RGB, en la copia impresa podremos reproducir una gama de colores más intensos, más vivos y más saturados de los que nunca veremos en pantalla. ***Conclusión: si quieres imprimir tus fotos con una impresora doméstica, es más recomendable utilizar Adobe RGB.***

Ahora bien, hay un pero: a raíz del boom de la fotografía digital, la mayoría de laboratorios fotográficos trabajan única y exclusivamente con imágenes sRGB.

Si vamos a llevar las fotos al Corte Inglés, a Fotoprix o al Carrefour... mejor sRGB.

La excepción son las grandes imprentas offset u otros sistemas de reproducción, que sí trabajan con Adobe RGB o CMYK.

Nuestra Impresora: El perfil de color incrustado.

Cuando tomamos una foto hemos comentado que siempre usa un Perfil de Color (AdobeRGB o sRGB) bien esto queda marcado ***"incrustado"*** en los datos de la foto y servirán para que todo elemento (Pantalla, Impresora) que tenga que representarla y sea "consciente del color" pueda adaptarse para mostrar los colores lo más fielmente posible.

Visto lo anterior significa que si hemos modificado el Perfil de Color de nuestra foto esto afectará a la calidad resultante de la impresión, si no cuadra con el que tenga la impresora.

Las impresoras modernas son capaces de gestionar el perfil de color que tenga la foto, lo cual es seleccionable en las opciones del dispositivo.

Impresión lanzada de un software **sin gestión de color**: por ejemplo Word o ACDSee

Opciones de configuración de la impresión:

*Pulsar **Propiedades** y en la ventana **COLOR** escoge – **ICM** -* Esto activa la gestión de color del driver de la impresora, de forma que utilizará los perfiles de color incrustados en las imágenes para conseguir la mejor correspondencia de colores.

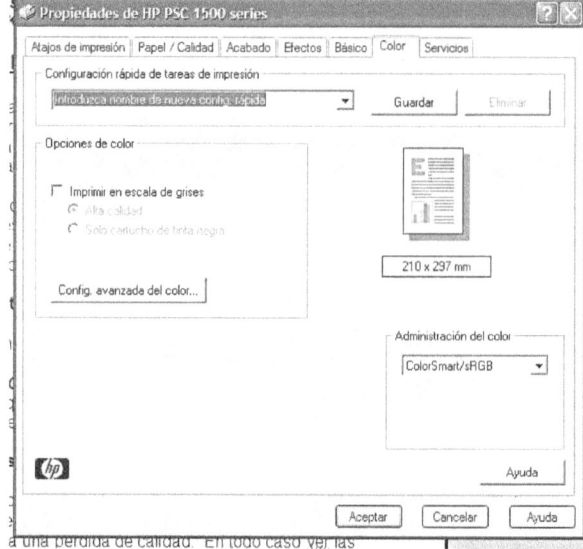

a una perdida de calidad. En todo caso ver las

84

Impresión lanzada de un software **con gestión de color**:   por ejemplo Photoshop.

En esta ventana, debes seleccionar en el cuadro **Color**, *Sin ajuste de color*. Esto evitará que el driver de la impresora realice por segunda vez la gestión de color, cuando ya la está efectuando el photoshop, lo que provocaría una pérdida de calidad.

En todo caso ver las opciones de configuración **_COLOR de la Impresora_**.

Resumiendo:

Con un estándar bueno para editar, como AdobeRGB, nosotros mismos nos encargamos de calibrar nuestro sistema y de entendernos con los perfiles de entrada. Es un espacio de trabajo que no desaprovecha prácticamente nada la gama de salida de la mayoría de las impresoras.

Si vamos a llevar las fotos a imprimir a un laboratorio semi-prifesional usar sRGB.

En el caso de que el establecimiento no haga -o no sepa hacer- una correcta gestión del color, lo que nos queda es convertir finalmente la imagen a sRGB para aproximarnos a una gama de salida probable, y enviarla *sin incrustar el perfil*. o bien podemos...

PERFILES .ICC

La mayoría de empresas de revelado ponen a disposición los perfiles de color de las máquinas que se van a utilizar para el revelado de tus fotos. Estos perfiles son unos ficheros que contienen la extensión .ICC

Para instalar estos ficheros, lo único que debemos hacer es pinchar con el botón derecho sobre el y seleccionar la opción "Instalar Perfil", de esta forma automáticamente nos añadirá ese perfil a la lista del resto de perfiles.

Sobra decir que hay que reiniciar el Photoshop para que lo detecte.

De esta forma cuando tengamos una foto y le convirtamos los perfiles, podremos ver como va a interpretar los colores la máquina que nos va a revelar la imagen.

¿Por que al revelar las fotos han salido cortadas?

Tienes que tener en cuenta que SIEMPRE los laboratorios de revelado han recortado las fotos a unos tamaños "seudo-estandares".

En efecto, los negativos de 35 mm se han revelado a muchos tamaños, según las épocas y laboratorios, y entre los mas comunes: 8x13, 10x15, 13x18, 15x20, 20x25, 20x30 ... solo el segundo y el ultimo guardan la debida proporción de dichos negativos (2/3). En los demás casos se cortaba un trozo de la foto original para ajustarla al tamaño.

El caso se vuelve mas grave con las cámaras digitales, dado que todas las compactas producen una imagen de formato 3/4. (Casi todas las Reflex y alguna compacta de gama alta tienen el formato 2/3 con lo cual estaremos en el mismo problema que con las de 35mm analógica)

Así, si de una foto de rollo de 35 mm estándar se obtenía una copia sin recortes en 10x15, ahora una digital si la llevamos a revelar a 10x15 nos recortaran un buen trozo de alto (la proporción seria 11,25x15). Si por el contrario la revelamos en 13x18, nos recortaran mucho menos (de 13,5x18), y en 15x20 ya no recortaran nada, mientras que en 20x25 nos recortaran de ancho.

En los buenos laboratorios permiten especificar si queremos "recortar" (que suele ser el defecto) o "ajustar", en cuyo caso nos dejaran unas bandas blancas a los lados de la imagen pero ésta la sacaran entera.

En cualquier caso, si tenemos claro en que formato vamos a revelar y como queremos dejar la foto, lo ideal es llevarla ya recortada a la proporción adecuada para que salga tal cual.

ANEXO

Indice

Primera parte
La fotografía digital

1. ¿Qué es la fotografía digital?

¿Qué es?
Técnica fotográfica que permite captar y almacenar imágenes en un soporte digital y tratarlas y visualizarlas mediante procedimientos informáticos.

ca	fotografía digital, f
es	fotografía digital
fr	photographie numérique
en	digital photography

De la fotografía analógica a la digital: un poco de historia[1]

La fotografía nace en el siglo XIX, cuando en el año **1816** el físico francés **Nicéphore Niépce** consigue una imagen mediante una cámara oscura y un procedimiento fotoquímico. 25 años más tarde, en **1831**, **Louis Jacques Mandé Daguerre** consiguió realizar fotografías sobre planchas recubiertas con una capa sensible a la luz de yoduro de plata; pero las fotografías ennegrecían y acababan por desaparecer. **William Henry Fox Talbot** inventó un procedimiento para conseguir que la imagen quedase fijada en la plancha. Fue el mismo **Talbot** quien inventó un método que consistía en utilizar un papel negativo a partir del cual podía conseguir un número ilimitado de copias. **Daguerre** y **Talbot** hicieron públicos sus descubrimientos en el año **1839**; el mismo año **John Eilliam Herschel** bautiza las imágenes fijas con el nombre de *fotografías*[2].

A partir de este momento las aportaciones de diversos científicos perfeccionan el invento. El año **1884**, **George Eastman** patenta una película que consistía en una larga tira de papel recubierta de una emulsión sensible a la luz. El **1889** patenta una película flexible que se puede enroscar y que marca el final de la primera era en la evolución del invento.

Durante el siglo XX se suceden los avances. Destacaremos la consolidación de la fotografía en color con la aparición de la película de color **Kodachrome**, en el año **1935**, y la **de Agfacolor**, en **1936**.

En el año **1947**, **Edwin Herbert Land** añadió a la fotografía de aficionados el atractivo de conseguir fotografías totalmente reveladas en pocos minutos después de haberlas tomado con la cámara **Polaroid Land**.

Durante los **años 50** aumenta notablemente la sensibilidad a la luz de las películas en color y en blanco y negro. Es en la **década de los 60** cuando se introduce la película **Itek RS**, que permitía utilizar productos químicos más baratos en contraposición a los compuestos de plata. La nueva técnica, denominada **fotopolimerización** permitió la producción de copias por contacto sobre papel normal no sensibilizado.

El año **1969** se puede considerar decisivo en la aplicación de las técnicas digitales en la fotografía, cuando **Willard Boyle** y **George Smith** diseñan un sistema de almacenamiento de la información que los **laboratorios Bell** implementarán en una videocámara que utilizará el sistema para capturar imágenes.

---

[1] Elaborado a partir de: "Historia de la fotografía," Enciclopedia Microsoft Encarta Online 2005 i MORAN, Iker. "Territorio dSRL", www.quesabesde.com
[2] La palabra *fotografía* está compuesta por dos palabras griegas: *foto* que significa luz y *grafia* que significa escritura. Así pues, la fotografía podría ser definida com la técnica (o el arte) de dibujar con la luz.

La presentación el año **1981** de la cámara **Mavica** supuso una auténtica revolución, no se comercializó, pero marcó lo que serían los aparatos digitales posteriores. **Canon** realizó los primeros experimentos prácticos con la imagen electrónica y la transmisión electrónica de fotografías en el año **1984**, durante los Juegos Olímpicos de Los Ángeles. El **1986** Canon comercializa la primera cámara digital (¡por 27.000 dólares!).

Durante la **década de los 90** se produce una importante evolución de la fotografía digital en calidad, diseño y manejabilidad de las cámaras y los precios cada vez son más asequibles. Los **primeros años del siglo XXI** están marcados por un crecimiento exponencial de novedades i de ventas. Como dice, Iker Moran, profesor de fotografía digital de la Universidad Autónoma de Barcelona:

«El futuro de la fotografía se escribirá en píxels»

Cámaras analógicas vs digitales

Las cámaras analógicas y las digitales se basan en el mismo principio ya que registran las imágenes utilizando la energía lumínica que provoca cambios en un material que es sensible a la luz. La principal diferencia entre las unas y las otras radica en el hecho de que las cámaras tradicionales utilizan película sensible a la luz, mientras que en las digitales es un sensor quien se encarga de absorber la luz que, convertida en una señal digital[3], es gravada en una tarjeta de memoria.

En las cámaras digitales todas las fases principales de la grabación de imágenes tienen lugar dentro de la cámara: registro de imagen, procesamiento y almacenamiento. En las cámaras de película las fases de procesamiento y almacenamiento tienen lugar fuera de la cámara[4].

Los defensores de las cámaras digitales aseguran que la posibilidad de ver las imágenes antes de capturarlas es una de sus grandes ventajas. La pantalla que incorporan estas cámaras permite, sobre la marcha, hacer cambios en la iluminación y la composición. Si la fotografía no ha quedado bien, no hace falta esperar a revelarla para saber donde se han cometido los errores; se mira el resultado, se corrige y se vuelve a disparar...

Sus detractores argumentan todavía hoy que la impresión de las fotografías digitales sobre papel no da resultados de tanta calidad como los que ofrecen las técnicas químicas de revelado.

Capturar la realidad en formato digital

Si disponemos de una cámara digital, ya disponemos de la forma más directa de obtener imágenes que estarán ya en formato digital listas para ser tratadas mediante técnicas informáticas de retoque de imagen, para enviarlas a través del correo electrónico, para exponerlas en sitios web de Internet...

Pero si todavía trabajamos con nuestra cámara digital de carrete, no debemos pensar que todas estas posibilidades nos están vetadas ya que mediante un escáner[5] podemos convertir cualquier fotografía a formato digital.

---

[3] Señal que sólo puede tener dos estados que se representan por 0 y 1.
[4] ANG, Tom. *Manual de fotografía digital*. Ediciones Omega, SA. Barcelona, 2003
[5] Aparato óptico que explora un objeto o una región y transfiere la información que obtiene a un soporte informático.

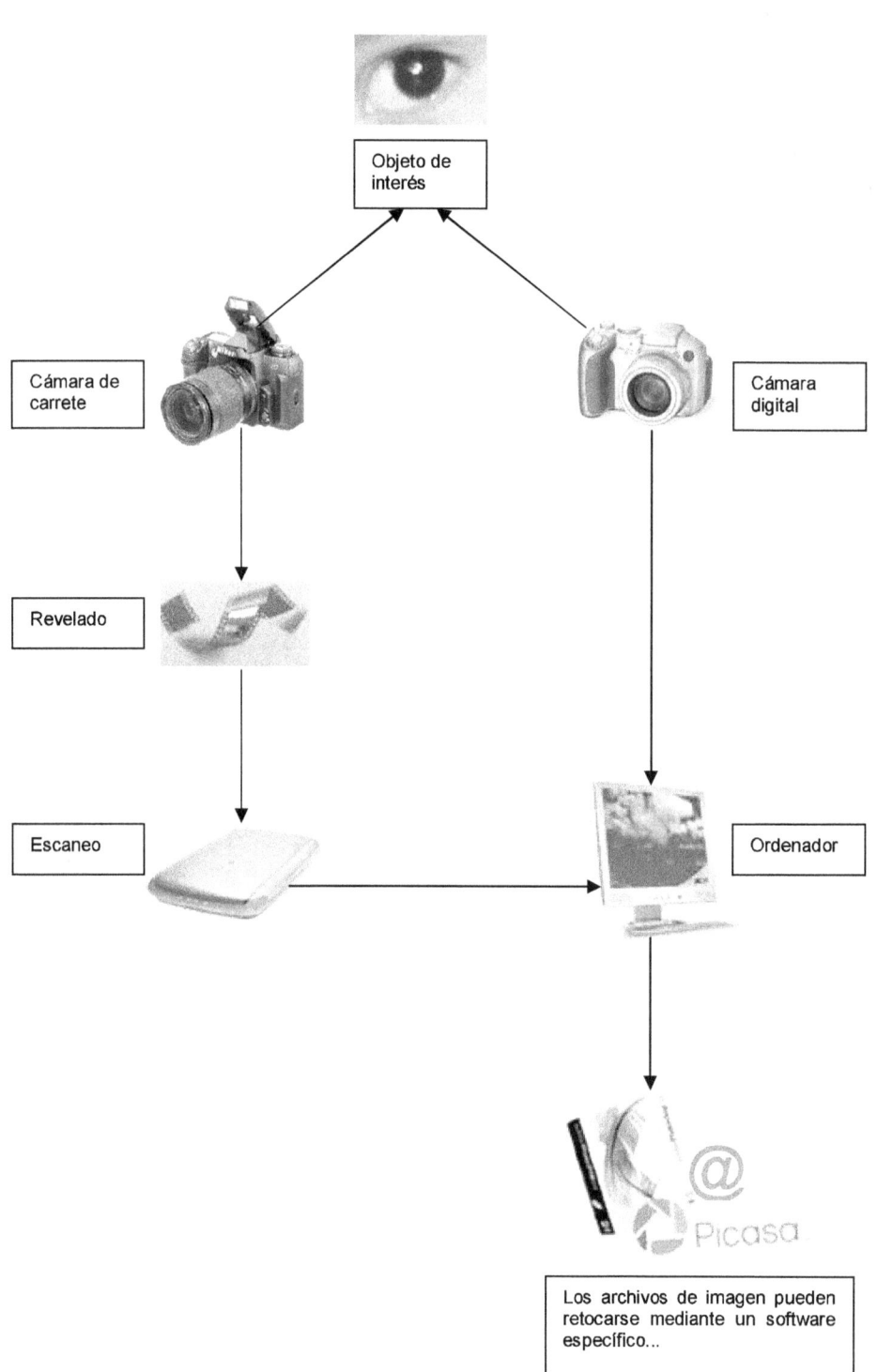

Objeto de interés

Cámara de carrete

Cámara digital

Revelado

Escaneo

Ordenador

Los archivos de imagen pueden retocarse mediante un software específico...

2. Las cámaras digitales

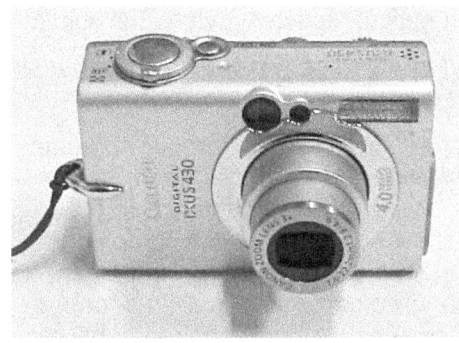

Las cámaras digitales utilizan un sensor electrónico **CCD** (*Charge-Coupled Device*[6]) que está dotado de pequeñas células fotoeléctricas que registran la imagen. Desde este sensor, la imagen es procesada por la cámara y enviada a la memoria.

La capacidad de resolución de una imagen dependerá del número de células fotoeléctricas del **CCD**. Este número se expresa en píxels. **Cuantos más píxels, más resolución.**

Un **píxel** (del inglés *picture element*, es decir, elemento de la imagen) es la unidad más pequeña en que se descompone una imagen digital. Las imágenes se forman como una matriz rectangular de píxels, donde cada píxel es un punto diminuto de la imagen total.

Las cámaras incorporan **CCD** de diversas resoluciones. La resolución de las cámaras se expresa normalmente en **megapíxels** que es el resultado de multiplicar el número de píxels horizontales por los verticales y de dividir el resultado por 1 millón. Así, por ejemplo, una cámara con una resolución de 1600 x 1200, se dice que tiene 1,9 megapíxels:

$$1.600 \times 1.200 = 1.920.000 \qquad 1.920.000 / 1.000.000 = 1,9$$

La resolución es un factor a tener en cuenta en el momento de adquirir una cámara ya que determina la calidad de nuestras fotografías. La cantidad de megapíxels que deberemos exigir a una cámara dependerá de la **calidad** y de la **medida** de la fotografía que querremos obtener.

La **calidad** depende de la densidad de píxels por pulgada (ppi). Una calidad de 300 ppi es profesional; 200 ppi se puede considerar buena y 150, aceptable. Por debajo de esta calidad hablamos de calidades malas.

La **medida** que queramos obtener al imprimir las fotografías es también importante. No es lo mismo imprimir en el formato estándar de 10 x 15 cm, que en la medida folio.

Teniendo en cuenta estos dos parámetros, la tabla siguiente muestra el número de megapíxels que hacen falta en cada caso[7]:

Medida de la fotografía	Calidad de la fotografía	Megapíxels aproximados
10 x 15 cm	Profesional (300 ppi) Buena (200 ppi) Aceptable (150 ppi)	2,1 MP o más 1,0 MP o más 0,6 MP o más
13 x 18 cm	Profesional (300 ppi) Buena (200 ppi) Aceptable (150 ppi)	3,3 MP o más 1,5 MP o más 0,9 MP o más
20 x 30 cm	Profesional (300 ppi) Buena (200 ppi) Aceptable (150 ppi)	8,4 MP o más 3,8 MP o más 2,1 MP o más

---

[6] Dispositivo de cargas eléctridas interconectadas
[7] Fuente: El Corte Inglés. Guía de compra. http://www.elcorteingles.es/tiendas_e/cda/mt/pc_mt/0,5414,PD9593,FF.html, consulta hecha el 14 de noviembre de 2005.

Entre los elementos que componen una cámara, mencionaremos los siguientes:

Objetivo Es el elemento de la cámara que tiene como función recibir los haces de luz procedentes del objeto y modificar su dirección hasta crear la imagen óptica, réplica luminosa del objeto.

Cuanto mejor sea la calidad de la óptica que se utilice, más calidad tendrán nuestras fotografías.

En cuanto al objetivo, factores importantes a tener en cuenta son la **apertura del diafragma** y **la distancia focal**. La **apertura del diafragma** hace referencia a la cantidad de luz que un objetivo permite que entre antes de realizar la fotografía. Los valores suelen expresarse de la manera siguiente: f/4. Cuanto más pequeño sea el número, más grande será la luminosidad. La **distancia focal** indica la distancia que hay entre el centro óptico de la lente y el **CCD**. Una distancia focal de 50 mm es, aproximadamente, la que puede percibir el ojo humano; de 28 mm sería un gran angular y de 80 mm una visión zoom.

Zoom Los objetivos están dotados de **zoom**. Hace falta distinguir entre el **zoom óptico** y el **zoom digital**. El **zoom óptico** acerca y amplía aquello que se quiere fotografiar sin disminuir la resolución de la cámara, ya que el acercamiento se consigue mediante el objetivo. El **zoom digital** amplía la imagen que ha recibido reduciendo la resolución.

Hará falta que nos fijemos en el tipo de zoom para evaluar la calidad de la cámara. El zoom de una cámara puede venir expresado por el **zoom total**, que se obtiene de multiplicar el zoom óptico por el digital. Así, por ejemplo, una cámara con zoom óptico 3X (donde X representa el factor de acercamiento, es decir, los aumentos) y zoom digital 8X, tiene un zoom total de 24X.

Flash Es el dispositivo que actúa como fuente de luz artificial para iluminar una escena.

Tarjeta de memoria Es el dispositivo donde serán almacenadas las imágenes. Como la memoria no tiene una capacidad infinita, sólo podremos almacenar las fotografías según los megapíxels de cada una de ellas y la calidad que haya sido seleccionada en el momento de hacer la fotografía.

La capacidad de la tarjeta de memoria se mide en Megabytes[8]. Hay cámaras con tarjetas de memoria de 16, 32, 64, 128, 256 MB, ...). Las tarjetas de memoria pueden ser fijas o portátiles. Cuando la tarjeta de memoria está llena, hace falta transferir las imágenes al ordenador para poder continuar haciendo fotografías.

La tabla siguiente muestra la cantidad de fotografías que podremos almacenar en la tarjeta de memoria. Los cálculos es-

---

[8] 1 Megabyte (MB) es una unidad de medida equivalente a 1.024 Kb (kilobyte).

tán hechos considerando fotografías en jpg[9] de alta calidad y teniendo en cuenta la resolución de la cámara y la capacidad de la tarjeta[10]:

Resolución de la cámara	Capacidad de la tarjeta				
	32 Mb	64 MB	128 Mb	256 Mb	512 Mb
2 Megapíxels	35	71	140	280	560
3 Megapíxels	26	53	105	210	420
4 Megapíxels	16	32	64	128	256
5 Megapíxels	12	25	48	96	192
6 Megapíxels	10	20	40	80	160
Datos calculados para archivos jpg de alta calidad					

Pantalla LCD   Nos muestra aquello que estamos fotografiando y puede ser mayor o menor. Normalmente, también encontramos el menú de programación de la cámara.

De la cámara al ordenador

Las fotografías que tenemos en la memoria fija de la cámara o en la tarjeta de memoria portátil, pueden ser traspasadas al ordenador mediante un cable que todas las cámaras llevan incorporado y que se conecta a un puerto USB[11] del ordenador o a un lector de tarjetas.

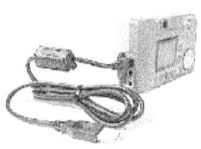

Del ordenador al papel

Una vez revisadas nuestras fotografías y retocado, si es necesario, con nuestro software adecuado, a menudo querremos que estén impresas en papel. Para hacerlo, podremos optar por cualquiera de estas tres opciones:

Impresora   Nuestra impresora doméstica nos permitirá hacer impresiones de calidad sobre papel especial. Debemos tener en cuenta que obtener una buena calidad de impresión supondrá que cada copia resulte cara (tinta, papel,...). Esta opción de impresión será la recomendada para impresiones de tiradas muy cortas y especiales.

Tiendas especializadas   En las tiendas especializadas en fotografía que localizaremos cerca de nuestra casa, encontraremos los profe-

---

[9] JPEG (*Joint Photographic Experts Group*), es un formato de imágenes que admite diversos grados de compresión, necessaria para reducir el espacio que ocupan las fotografías en la memoria de la cámara. La mayoría de las cámaras para aficionados utilizan este tipo de formatos ya que la compresión necesaria para disminuir el tamaño de la fotografía no se traduce en una pérdida de calidad muy apreciable.
[10] Fuente: Fotoprix. Taller de fotografía digital. http://www.fotoprix.es/index.php?resource=FTPX060030#5. Consultado el 14 de noviembre de 2005.
[11] El **Bus de Serie Universal** (**USB**, de sus siglas en inglés *Universal Serial Bus*) es una interfaz que provee un estándar de bus serie para conectar dispositivos a un ordenador personal (generalmente un PC). (http://es.wikipedia.org/wiki/USB).

sionales que se encargarán de hacer estas impresiones con sus equipos. A menudo, estas tiendas tienen terminales que están conectadas con los laboratorios donde se envían las imágenes. Desde la terminal en red, insertando la tarjeta de memoria o el CD con las imágenes, se pueden encargar las impresiones en papel.

Internet

En Internet encontramos servicios de revelado en línea. Debemos conectarnos a la dirección web que ofrece el servicio y enviar las imágenes. Una vez reveladas, son enviadas al domicilio del cliente o bien a la tienda que se habrá acordado en contratar el servicio y donde podrán ser recogidas.

3. Hacer fotografías

Si necesitá algún consejo relacionado con la manera de hacer fotografías, le recomendamos que visite el sitio web de Kodak (www.kodak.com). Entre, cambie el idioma del sitio (en la parte superior izquierda de la página hay un enlace que permite escoger el español). En el menú superior, seleccione *Consejos y proyectos / Learn*. Accederá a una nueva página donde, en la parte central, encontraréis un nuevo enlace con el texto "Top 10 tips". Se trata de **10 sugerencias** ilustradas con fotografías y animaciones que puede que os resulten interesantes:

1. Mire a los ojos
2. Utilice un fondo liso
3. Utilice flash en el exterior
4. Acérquese
5. Aléjelo del centro
6. Bloquear el enfoque
7. Conozca el alcance de su flash
8. Tenga en cuenta la luz
9. Tome algunas fotografías verticales
10. Conviértase en director de fotografía

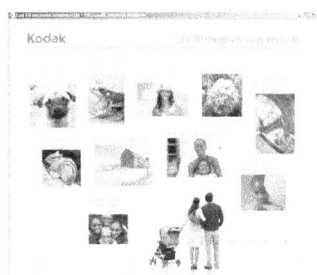

http://www.kodak.es/ek/ES/es/Home_Main/Tips_Projects_Center/Learn/Las_10_mejores_sugerencias_-_Version_HTML.htm

La fotografía tiene su propio lenguaje. Podemos aprender a "leer" las imágenes a partir de sus componentes:

Componentes visuales La **línea**, la **figura** (contorno que se crea cuando una línea se cierra), la **forma** (sensación de tridimensionalidad), la textura (suave o rugosa), los **colores** (fríos o cálidos), el **tamaño** (sensación que en fotografía se consigue poniendo los objetos grandes y pequeños contrapuestos) y la **profundidad**. Estos elementos influyen definitivamente en la estética de la imagen fotográfica, si los encontramos correctamente dispuestos podremos hablar de una buena fotografía.

El encuadre Es la manera de seleccionar, a través del visor de la cámara, la parte de la realidad que se quiere presentar. Podemos hablar de **planos alejados** (descriptivos y ambientales) donde la cámara se sitúa lejos del objeto; **planos medios** (narrativos) entre los que encontramos el llamado **plano americano** (planoque va desde las rodillas hasta la cabeza del personaje), **plano medio largo** (desde la cintura hasta la cabeza, **plano medio corto** (donde la importancia se centra en el rostro de una persona, animal, objeto...).

Angulación La cámara también permite seleccionar desde qué ángulo veremos la imagen. La **frontal** sería la angulación normal que hace coincidir el punto de vista con la altura de los ojos del personaje; en la angulación **lateral**, la cámara se sitúa a la izquierda o a la derecha del personaje; en la angulación en **picado** la cámara está situada por encima del horizonte, lo que nos ofrece una imagen del sujeto más reducida de lo

	normal; el **contrapicado** coloca la cámara por debajo del horizonte, es decir enfoca de abajo hacia arriba dando una visión magnificada del objeto.
La luz	La cantidad de luz determina si un sujeto puede o no registrarse. Podemos distinguir la **luz fuerte** (que sería la luz solar de un día muy claro, los efectos son fotografías muy contrastadas y recortadas) y la **luz suave** (la luz difusa por la nuebla o cielos cubiertos los efectos son sombras poco contrastadadas y poco definidas).

Para acabar este apartado enumeraremos las temáticas de las cuales puede ocuparse la fotografía:

- **Personas**: retratos, retratos de grupo, de niños, etc. Podemos hablar de retratos clásicos (el típico de estudio) y el espontáneo (la relación entre fotógrafo y fotografiado no es rígida, tiene un papel importante el factor sorpresa).

- **Paisajes**: comprende los aspectos de nuestro ambiente ya sea rural o urbano.

- **Edificios e interiores**

- **Animales**

- **Acción-Movimiento**: parar y congelar el movimiento es exclusivo de la fotografía. Es justamente la esencia de la fotografía aislar un momento en el tiempo.

- **El desnudo**: aquí el interés es dominar el componente estético del cuerpo humano.

- **Maturaleza muerta**: el tema es la representación de objetos inanimados naturales o artificiales.

- **Reportajes**: fotografías hechas en el mismo lugar y momento en que los acontecimientos registrados se producen; aquí podemos encontrar desde fotografías de prensa a reportajes familiares.

4. Organización y manipulación de los archivos de imagen: Picasa

Deberemos organizar las fotografías dentro de nuestro ordenador para que no resulte una misión imposible su recuperación posterior. Una buena opción sería dejar los archivos en carpetas con nombres significativos que expresen el tipo de ordenación que nos interesa: temática, cronológica, etc. Utilizar programas de catalogación como por ejemplo ACDSee o Picasa ayuda a localizar las imágenes de manera sencilla.

Si el número de imágenes que acumulamos empieza a ser importante, sería conveniente traspasarlas a dispositivos de almacenamiento portátiles como por ejemplo CD o DVD.

Para manipular nuestros archivos tenemos a nuestra disposición diversos programas, como por ejemplo Photoshop, Paint Shop Pro, GIMP[12]... Con estos programas podremos aumentar o disminuir el tamaño de la imagen, recortarla, girarla, aclararla u oscurecerla, cambiar el color...

Picasa

Picasa es un programa gratuito (*freeware*) creado y distribuido por Google que realiza una función doble. Por un lado, permite la organización de las fotografías digitales almacenadas al ordenador y, por otro, permite realizar algunos retoques como, por ejemplo, eliminar los ojos rojos, recortar, desenfocar, girar,...

Desde la dirección http://picasa.google.com/intl/es se puede descargar el arhivo ejecutable; al hacer doble clic en este archivo se iniciará un proceso que culminará con la instalación del programa.

La primera vez que se inicia el programa, debe indicarse a **Picasa** que busque las imágenes que están **almacenadas en el disco duro**, o sólo dentro de las carpetas **Mis Documentos, Mis Imágenes y el escritorio**.

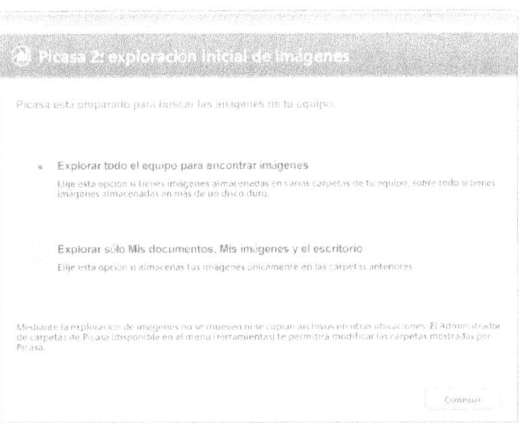

Seleccionamos la opción que nos interesa y pulsamos el botón *Continuar*.

---

¹² GIMP es un programa libre que se puede decargar de manaera gratuita desde la página www.softcatala.org

Picasa nos mostrará las imágenes contenidas en las carpetas indicadas utilizando la llamada vista **Biblioteca**.

Carpetas que contienen imágenes   Área de visualización de las imágenes

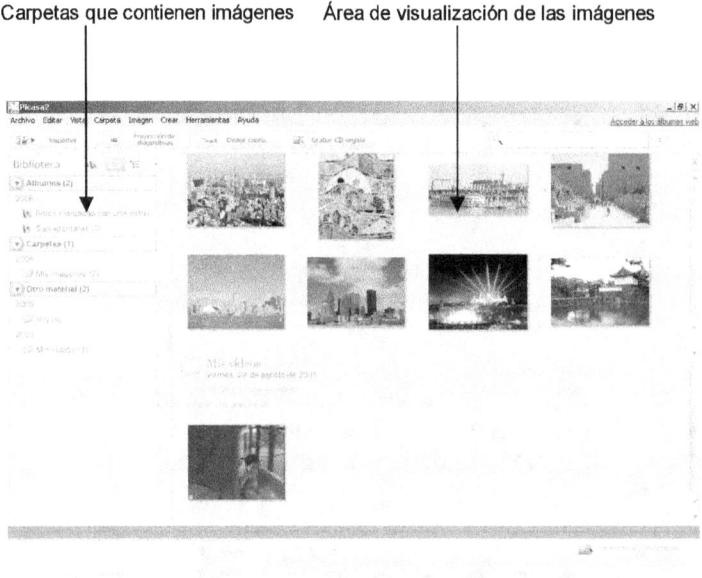

Si queremos incluir alguna otra carpeta, accederemos al administrador de carpetas mediante la opción **Herramientas / Administrador de carpetas**.

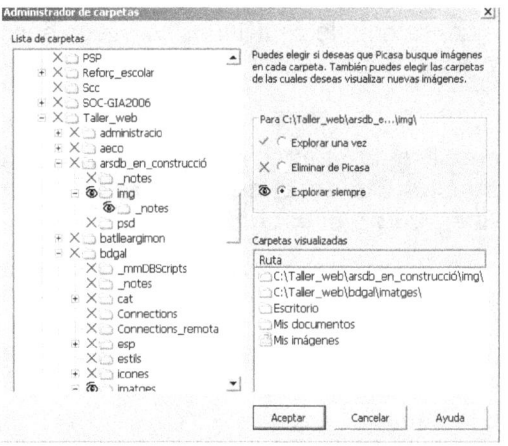

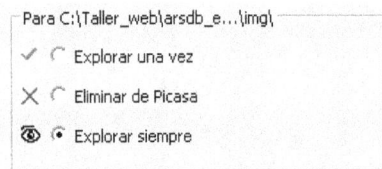

A la derecha del administrador de carpetes encontramos tres opciones:

Explorar una vez: sólo incluirá las carpetas durante la sesión actual. Si cerramos el programa, al volver a abrirlo no las encontraremos.

Eliminar de Picasa: las imágenes de la carpeta no se mostrarán.

Explorar siempre: incluye las imágenes de la carpeta y cada vez que abrimos el programa explora la carpeta para mostrarnos su contenido.

Si seleccionamos una imagen desde la vista **Biblioteca**, veremos en la parte inferior la *bandeja de fotos* y un marco con una serie de botones que nos permitirán realizar algunas acciones sobre la fotografía o fotografías seleccionadas[13].

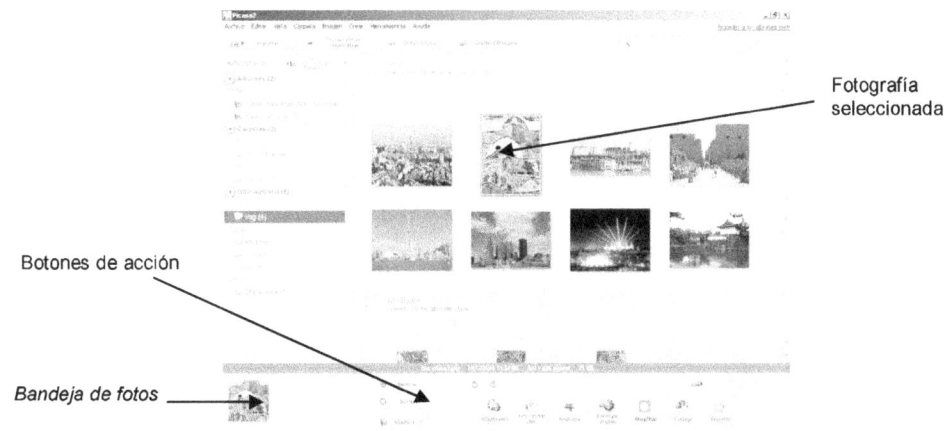

Fotografía seleccionada

Botones de acción

Bandeja de fotos

Estos cuatro botones nos permitirán:

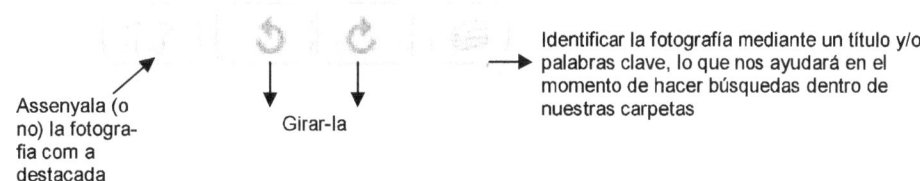

Assenyala (o no) la fotografia com a destacada

Girar-la

Identificar la fotografía mediante un título y/o palabras clave, lo que nos ayudará en el momento de hacer búsquedas dentro de nuestras carpetas

Los botones **Retener**, **Borrar** i **Añadir** los utilizaremos para conservar las fotografías seleccionadas en la bandeja, para borrar las fotografías de la bandeja o para añadir imágenes de la bandeja al álbum.

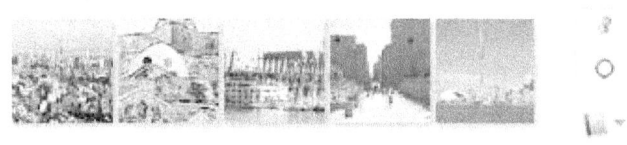

Si en la vista **Biblioteca** hacemos doble clic sobre una fotografía, accederemos a nueva vista que nos permitriá **hacer algunos retoques básicos**.

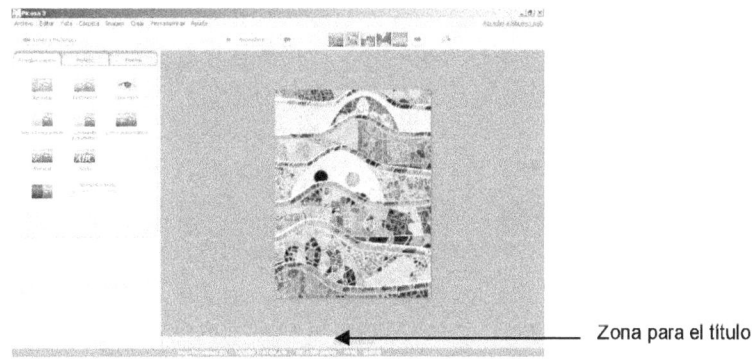

Zona para el título

---

[13] Utilizando las teclas CTRL + Clic o MAYÚS + Clic podremos seleccionar más de una fotografía a la vez.

En la vista **Biblioteca** podremos realizar búsquedas de fotografías utilizando las palabras clave.

Herramienta de búsqueda

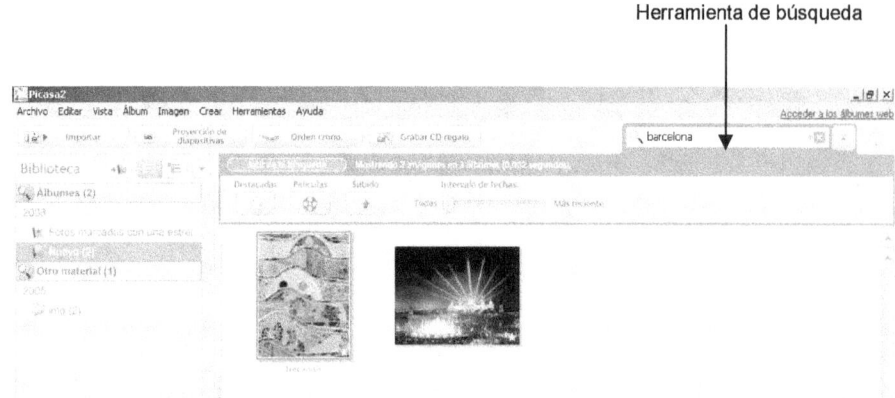

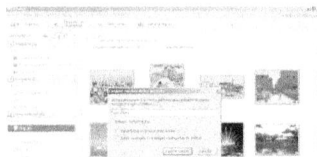 **Picasa** nos permite cambiar los nombres de los archivos de un grupo de imágenes para no tener que hacerlo manualmente. Por ejemplo, queremos que los archivos que seleccionems lleven como nombre barcelona.jpg, barcelona-1.jpg, barcelona-2.jpg...:

1. Seleccionamos las imágenes que queremos que cambien su nombre original.

2. Seleccionamos la opción **Archivo / Cambiar Nombre** del menú principal.

3. Escribimos el nombre del grupo de imágenes, en nuestro ejemplo, Barcelona, y **Picasa** se encargará de nombrar a nuestras imágenes con la nueva designación.

Por debajo del menú principal encontramos 4 botones que nos permitirán realizar las siguientes accciones:

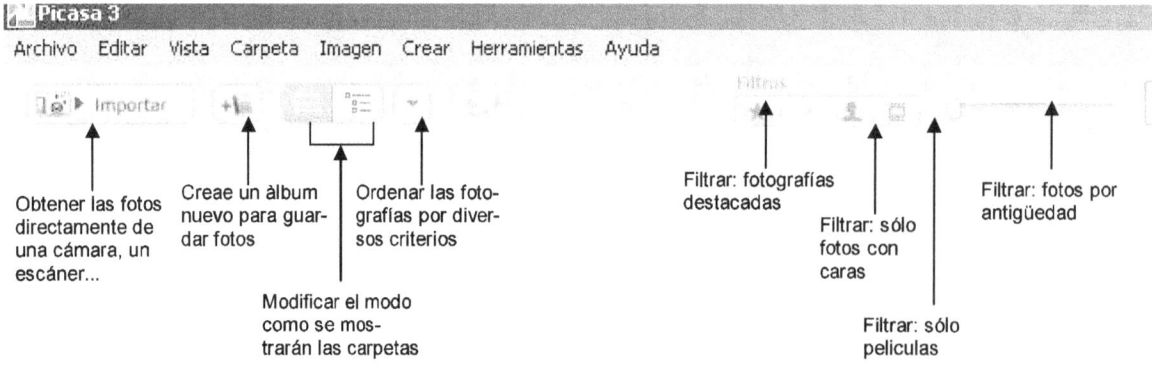

Obtener las fotos directamente de una cámara, un escáner...

Creae un àlbum nuevo para guardar fotos

Ordenar las fotografías por diversos criterios

Modificar el modo como se mostrarán las carpetas

Filtrar: fotografías destacadas

Filtrar: sólo fotos con caras

Filtrar: sólo peliculas

Filtrar: fotos por antigüedad

Com hemos dicho antes, **Picasa** està preparado para hacer retoques básicos y crear algunos efectos desde su pantalla **edición de imágenes**. Para acceder, hacemos doble clic encima de la fotografía que necesitamos retocar. A la izquierda aparece el menú de opciones y, a la derecha, la imagen activa sobre la que queremos actuar.

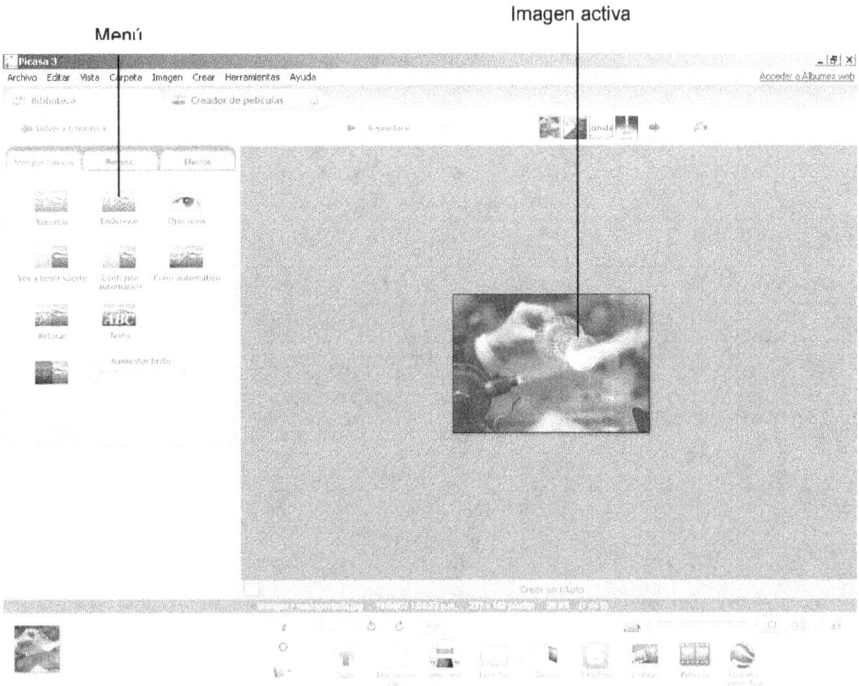

El **menú de edición de imágenes** está compuesto de tres pestañas que describimos a continuación:

Pestaña "**Arreglos básicos**"	
Recortar	Para recortar la imagen en un formato diferente.
Enderezar	Para poner derecha una imagen torcida.
Ojos rojos	Para eliminar los ojos rojos que puede haber provocado una utilización incorrecta del flash de la cámara.
Voy a tener suerte	Con un clic, Picasa decidirá, y ejecutará, los retoques que considere más adecuados para mejorar el aspecto de nuestra fotografía.
Contraste automático	Arreglará la impresión de la fotografía, sin modificar el color.
Color automático	Eliminará el color dominante y restaurará el balance de color, al mismo tiempo que conservará los valores de brillantez y contraste.
Aumentar brillo	Mediante una barra deslizante, se podrá aumentar el brillo de una fotografía oscura o con una luz de fondo, al mismo tiempo que se conservarán los detalles de las áreas más claras de imagen.
Pestaña "**Perfeccionamiento**"	
Aumentar brillo	Es la misma opción que encontramos en la pestaña "Arreglos básicos".
Realces	Utiliza una barra deslizante que aumentará el brillo del aspecto general de la imagen, lo que provocará que las áreas claras lo sean todavía más.
Sombras	Mediante una barra deslizante, se oscurecerá el aspecto general de la imagen, lo que provocará que las áreas oscuras lo sean todavía más.

Temperatura del color	Esta barra deslizante aplicará tonos cálidos o fríos a los colores de una imagen. Las imágenes tomadas con luz incandescente suelen ser demasiado cálidas y las tomadas en exteriores, bajo la luz del sol, pueden presentar un matiz azul. Con la barra podremos ajustar ambas imágenes.
Seleccionador de color neutro	Esta herramienta cuentagotas permitirá al usuario definir manualmente el balance de blancos que se considere oportuno y eliminar el dominante de color haciendo clic en un color neutro de la fotografía (como, por ejemplo, una pared o una camisa blancas).
Pestaña "**Efectos**"	
Mejorar nitidez	Mejorará la nitidez de los valores de la fotografía.
Color sepia	Cambiará el color de la imagen por un tono sepia.
Blanco y negro	Convertirá la imagen en una de blanco y negro.
Más calidez	Potenciará los tonos cálidos para mejorar el color de la piel.
Grano de película	Añadirá el efecto de película anulada.
Tono	Utilizando el cuentagotas, la imagen se teñirá del color seleccionado.
Saturación	Incrementará o disminuirá el nivel de saturación del color, utilizando la barra deslizante.
Desenfocar	Suavizará el enfoque en torno a un punto central que deberemos seleccionar y con el nivel que indicamos mediante las barras deslizantes
Halo	El efecto permitirá ver la fotografía como si tuviera delante una gasa. El halo se puede regular mediante dos barras deslizantes que permitirán cambiar la intensidad y la posición.
Filtrado blanco y negro	Creará una imagen que parecerá haber sido tomada por una cámara en blanco y negro y un filtro de color que será seleccionado mediante la herramienta cuentagotas.
Blanco y negro parcial	Eliminará la saturación de color en torno al punto que se seleccione.
Tono graduado	Añadirá un filtro graduado de color que se podrá escoger mediante la herramienta cuentagotas.

Si queremos copiar los efectos de una imagen a otra, procederemos de la manera siguiente:

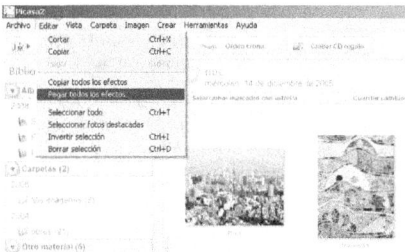

1. Seleccionamos la imagen que tiene los efectos que nos interesa copiar y seleccionamos la opción *Editar / Copiar todos los efectos*.

2. Seleccionamos la imagen a la cual queremos aplicar los mismos efectes y seleccionamos la opción *Editar / Pegar todos los efectos*.

Con **Picasa**, podremos **imprimir** nuestras fotografías. Para hacerlo, seguiremos los pasos siguientes:

1. Seleccionamos la fotografía a imprimir, haciendo clic encima.

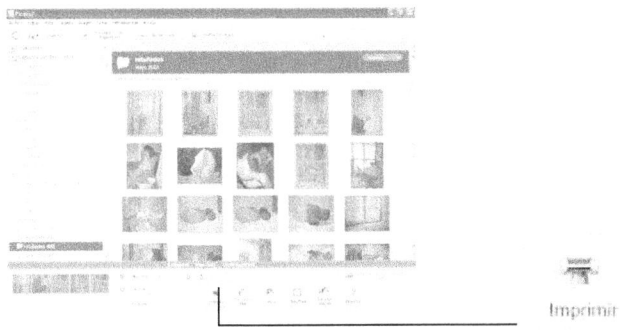

2. Hacemos clic en el botón Imprimir que encontramos en la parte inferior de la pantalla.

3. Mediante el cuadro de diálogo que se abre a continuación, podremos indicar la medida de las fotografías (5 x 8; 9 x 13; 10 x 15; 13 x 18; 20 x 25 o página completa).

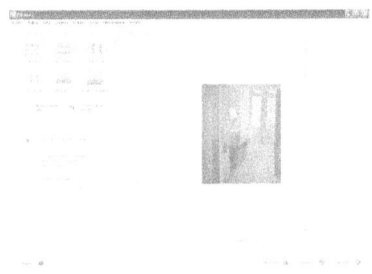

4. Hacemos clic en botón **Imprimir**.

Podemos **imprimir más de una copia de la misma fotografía por hoja**; para hacerlo seleccionamos la pantalla de medida que interese y hacemos clic en el signo + de la parte izquierda de la ventana, hasta obtener el número de imágenes deseado en la vista previa. A continuación, hacemos clic en botón **Imprimir** del cuadro de diálogo de impresión.

También podemos **imprimir diversas imágenes en la misma hoja**. Para hacerlo, y mientras estemos situados en la vista **Biblioteca**, seleccionamos las imágenes pulsando la tecla Control y haciendo clic encima de las fotografías que nos interesen. Si las imágenes que queremos imprimir pertenecen a carpetas diferentes, deberemos hacer clic en el botón *Retener* después de seleccionarlas. A continuación hacemos clic en el botón *Imprimir* y en el cuadro de diálogo de impresión seleccionamos la plantilla de medida que queramos; veremos las imágenes seleccionadas en la pantalla de vista previa. A continuación pediremos la impresión haciendo clic en el botón **Imprimir**.

También podremos hacer **collages** con las fotografías de un álbum:

1. Seleccionamos las fotografías que queremos que formem el collage (con CTRL + clic) i pulsamos el botón *Collage* en la parte inferior de la pantalla.

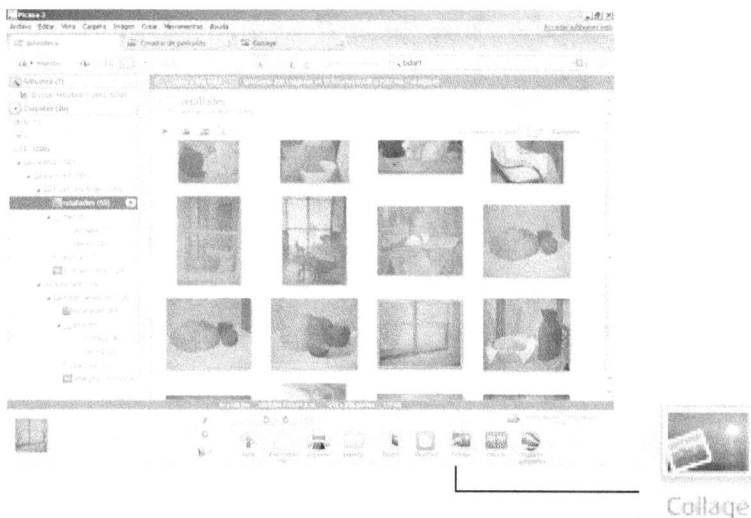

2. A la derecha aparecerá el panel que nos permitirá escoger las opciones de la composición.

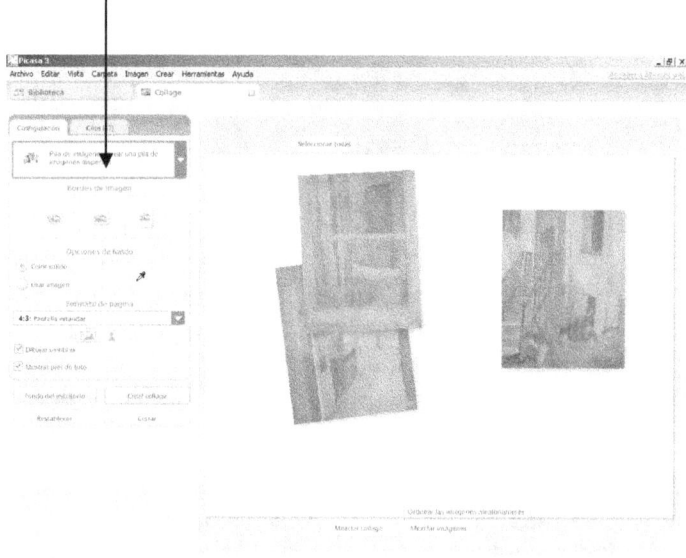

De una manera muy sencilla podremos **crear una película**:

1. Seleccionamos las fotografías que queremos que formen parte de la película.

2. Clic en el botón **Crear una presentación de película con tu selección** situado en el panel de la parte inferior de la pantalla; se abrirá la pantalla de generador de películas. También podemos crear una película para todas las fotografías de una carpeta, pulsando el botón para crear una película de presentación que encontramos en la parte superior de todas las carpetas...

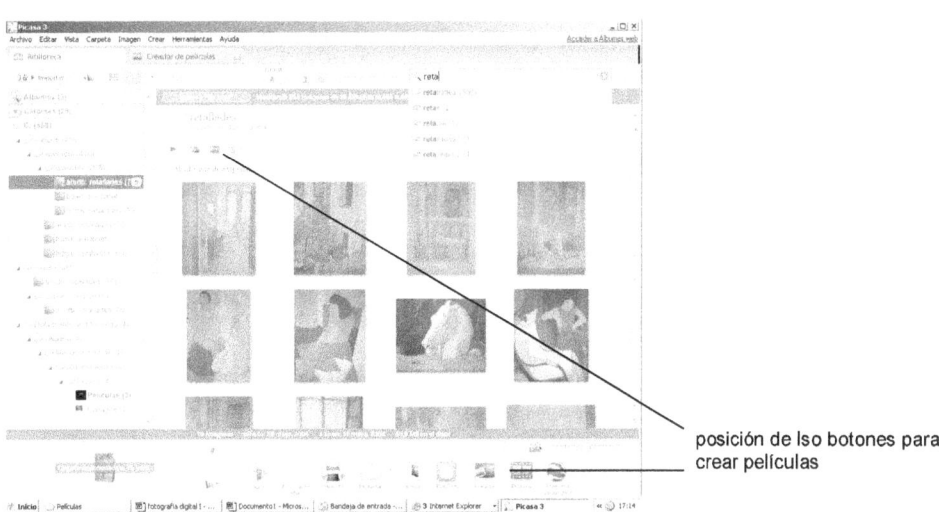

posición de lso botones para crear películas

Utilizaremos las pestañas **Película**, **Diapositiva** y **Clips** para realizar los ajustes de nuestra película. A continuación, haremos clic en el botón para crear la película. Las películas creades se guardan en la carpeta **Películas**, localizada en *Mis imágenes / Picasa / Películas*.

107

Segunda parte
Introducción a Photoshop

1. El entorno de trabajo de Photoshop

Barra de menús

La barra de menús de Photoshop ofrece el control sobre los archivos y permite acceder a las diferentes funciones del programa.

Archivo   Edición   Imagen   Capa   Selección   Filtro   Vista   Ventana   Ayuda

Archivo	Permite acceder a aquellas opciones relacionadas con la captura, la exportación y la importación de imágenes, abrir y cerrar archivos, opciones de impresión, etc.
Edición	Dispone de las opciones relacionadas con la modificación y desplazamiento de imágenes.
Imagen	Permite acceder a las opciones de corrección del color de las imágenes, de la modificación de su medida y resolución, etc.
Capa	Muestra todas las posibilidades relacionadas con las capas.
Selección	Permite hacer aplicaciones concretas a una selección determinada.
Filtro	Desde aquí accedemos a los diferentes efectos de los que dispone el programa para aplicar en una imagen y obtener resultados espectaculares.
Vista	Permitirá agilizar todos los procesos relacionados con la medición y visualización de la imagen.
Ventana	Encontraremos las opciones de visualización de las paletas de trabajo y del cuadro de herramientas.
Ayuda	Hay información sobre Photoshop y su funcionamiento.

Cuadro de herramientas

La primera vez que se inicia la aplicación, el cuadro de herramientas aparece a la izquierda. Para seleccionar una herramienta debemos hacer clic en el icono correspondiente del cuadro de herramientas. Un pequeño triángulo en la parte inferior derecha de algunos de los iconos indica que hay herramientas ocultas. Si situamos el puntero del ratón sobre una herramienta, aparecerá su nombre y la abreviatura del teclado.

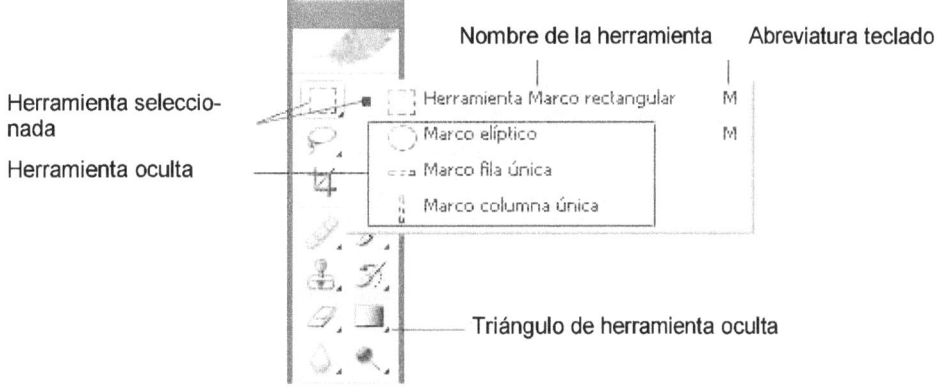

En el cuadro de herramientas encontramos los comandos esenciales que nos permitirán manipular las imágenes:

	Marco rectangular. Selecciona porciones rectangulares, elípticas, de fila única y columna única, de la imagen para después eliminar, copiar o bien pintar.
	Desplazar. Sirve para mover la totalidad de la imagen o parte de ella si previamente ha sido seleccionada por el marco rectangular.
	Lazo. Realiza selecciones a mano alzada, poligonales (rectilíneas) y magnéticas (ajustables).
	Varita mágica. Permite seleccionar segmentos de la imagen que tenga pixeles de color semejante...
	Recortar. Esta herramienta permite recortar áreas rectangulares de una imagen o cuadros si cuando se desplaza el ratón se pulsa la tecla de Mayúsculas.
	Sectores. Permite recortar unas imágenes en diferentes sectores.
	Pincel corrector. Permite retocar imágenes a la perfección, fusionando los colores de la muestra para que coincidan con la textura y el tono del área retocada.
	Parche. Repara las imperfecciones del área seleccionada en una imagen, utilizando una muestra o un motivo.
	Pincel. Pinta trazos de pincel.
	Lápiz. Pinta líneas con bordes irregulares.
	Tampón. Pinta con una muestra de la imagen.
	Tampón de motivo. Pinta cogiendo una parte de la imagen como motivo.
	Borrador. Sirve para eliminar pixeles.
	Borrador de fondo. Borra fondo de imagen y las deja transparentes.
	Borrador mágico. Borra áreas con colores uniformes y los deja transparentes.
	Bote de pintura. Esta herramienta es muy útil para aplicar a amplias zonas un color determinado.
	Degradado. Creará un degradado utilizando la transición de color que hay entre el color de fondo y el frontal. Podemos hacer distintos tipos de degradado, como, por ejemplo, lineal o vertical.
	Desenfoque. Desenfoca los bordes de una imagen
	Enfocar. Enfoca los bordes suaves de una imagen.
	Difuminar. Difumina partes de una imagen.
	Sobreexponer. Aclara partes de una imagen.
	Subexponer. Oscurece partes de una imagen.
	Texto. Crea una capa de texto en la cual podremos escribir.
	Máscara de texto. Crea una selección en forma de texto.
	Pluma. Dibuja trazos de bordes suaves.

∖	**Líneas.** Permite dibujar líneas de diferentes gruesos.
✍	**Diferentes formas.** Permite seleccionar diferentes formas seleccionadas de una biblioteca de Photoshop y darles tamaños diversos.
✎	**Cuentagotas.** Permite seleccionar un color de una imagen que sustituirá el color frontal o de fondo que se tenga en el selector de colores.
📝	**Anotaciones.** Permite insertar notas o mensajes sonoros en una imagen.
🔍	**Zoom.** Para aumentar o reducir la visión de una imagen.
✋	**Mano.** Mueve la imagen dentro de una ventana.
	Selector de colores. Está formado por el color frontal (blanco, por ejemplo) y el de fondo (verde, por ejemplo). El frontal nos indica con qué color estamos trabajando y el de fondo es el que aparecerá cuando eliminemos una zona de la imagen con una de las herramientas de selección o cuando utilicemos el borrador. Si hacemos clic sobre el icono de doble flecha ↰, intercambiaremos los colores de los cuadros. En hacer clic sobre el icono ⬛, restableceremos los colores activos a blanco y negro. Para seleccionar un color debemos hacer clic sobre uno de los cuadrados de color y se abrirá el cuadro de diálogo **Selector de color** donde aparecerá la paleta de colores para escoger.
▭▭▭	**Vistas del área de trabajo.** Cada una de estos iconos nos permite escoger entre diferentes vistas del área de trabajo.
⇨✒	**Importar la imagen a ImageReady.** Este es un programa que se instala con Photoshop y que se dedica exclusivamente a la edición y publicación de imágenes en Internet.

Barra de opciones

Ofrece información sobre las posibilidades de trabajo de la herramienta de cuadro de herramientas que tengamos seleccionado en ese momento. En esta barra podremos cambiar aspectos de la herramienta como su medida, la opacidad...

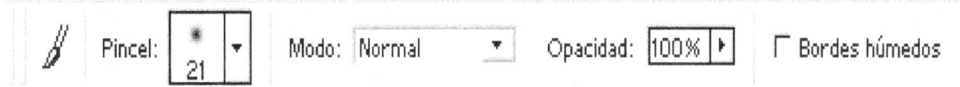

Barra de estado

La encontramos en el pie del área de trabajo. La zona central informa sobre la herramienta seleccionada y las funcionalidades adicionales que se puedan conseguir mediante la combinación del teclado y del ratón.

Por ejemplo, esta información es la que encontraremos si seleccionamos la herramienta pincel:

En la parte izquierda de la barra de estado aparece el **zoom** aplicado a la imagen abierta:

111

Paletas

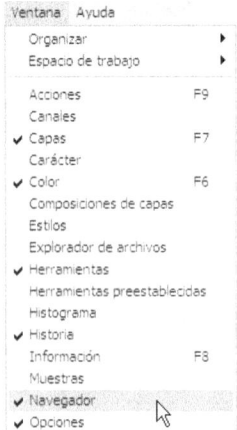

Las **paletas** o **ventanas**, juntamente con el **cuadro de herramientas** i el **menú**, son uno de los tres elementos clave de la interfaz de Photoshop. Las paletas son ventanas flotantes que disponen de opciones de color, ayudan a trabajar con capas y ofrecen un buen número de utilidades adicionales. Por defecto, aparecen en grupos a la derecha del área de trabajo.

Si las paletas no son visibles, las podemos activar haciendo clic en la opción **Ventana** de la **barra de menú**. Las más comunes son: *Navegador, Color, Historia y Capas*.

La información que nos dan estas paletas es la siguiente:

Navegador: nos muestra la miniatura de la imagen en la cual trabajamos. Permite modificar la vista de la imagen acercándola o alejándola.

Si miramos la miniatura, encontraremos un recuadro de color rojo cuya función es ayudarnos a navegar por la imagen cuando el zoom sea demasiado grande y sólo veamos una parte de la imagen. Si hacemos clic encima de la miniatura, aparecerá una mano que permitirá mover el recuadro por la imagen y mostrará a la ventana el área que contiene.

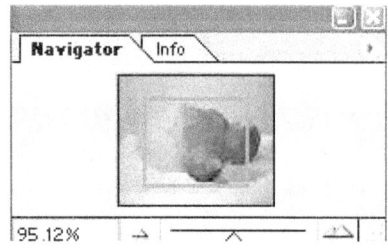

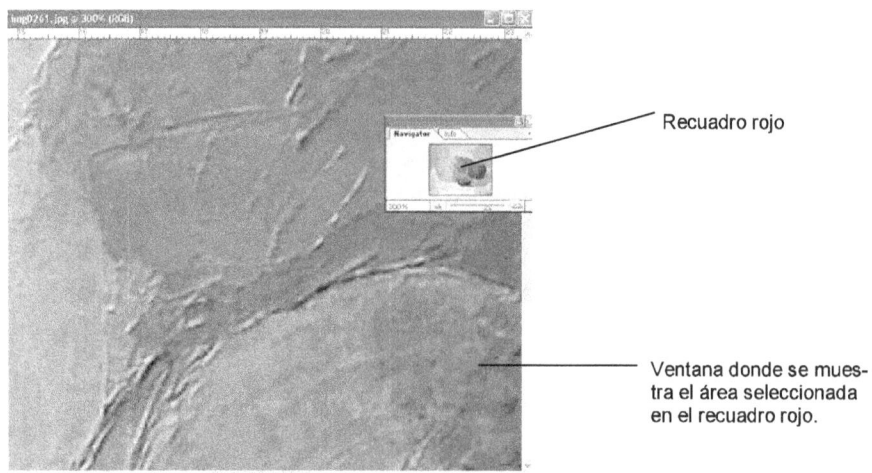

Recuadro rojo

Ventana donde se muestra el área seleccionada en el recuadro rojo.

Color: la paleta de color consta de tres pestañas: *Color, Muestras* y *Estilos*.

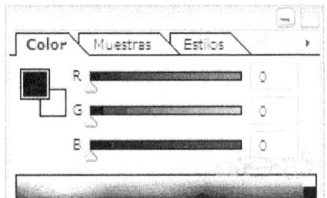

Desde la ***paleta de color***, se puede seleccionar de una manera muy sencilla, sólo hace falta mover los controladores de color RGB de izquierda a derecha hasta conseguir encontrar la proporción exacta de rojo, azul y verde.

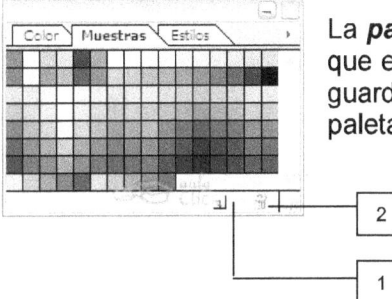

La ***paleta de muestras*** nos muestra los diferentes colores que están guardados en el sistema. Con los botones para guardar (1) o eliminar (2) podemos crear nuestra propia paleta.

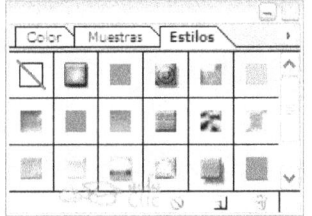

En la ***paleta de estilos*** encontraremos diferentes texturas que se pueden utilizar para hacer composiciones. Como hemos explicado al hablar de la ***paleta de muestras***, podemos eliminar texturas y crear otras nuevas.

Historia: la ***paleta historia*** muestra en orden cronológico las acciones realizadas sobre una imagen. Las últimas acciones se encuentran al final de la lista. Podremos deshacer las últimas acciones realizadas desplazando el puntero de control o bien haciendo clic encima de la última acción que debamos deshacer.

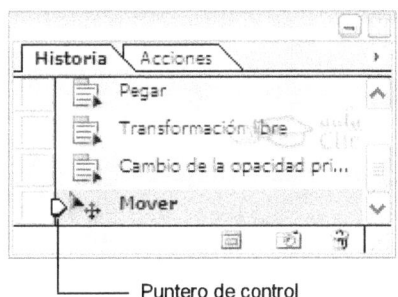

Puntero de control

Para realizar esta acción también podemos utilizar la opción ***Edición / atrás***, pero no podremos controlar con tanto detalle las acciones realizadas. Si lo que queremos es recuperar una a una las acciones llevadas a cabo, podemos utilizar ***Edición / adelante***. Si lo que queremos es deshacer sólo la última acción, se puede utilizar ***Edición / Deshacer***.

Capas: en la *paleta capas* encontramos una relación de todas las capas que se han utilizado al hacer una composición. Tenemos diversas opciones, unas sirven para dejar las capas visibles, otras para esconderlas, para aplicar efectos de sombra, de cambio de color, etc. Trataremos con más detalle los aspectos de esta paleta en el apartado **Las capas** que encontraréis en la página 14 de estos mismos apuntes.

En esta imagen podemos ver que el plano está formado por diversas capas. La imagen que contiene el plano es la inferior y encima encontramos la flecha, un punto y el icono que representa el metro.

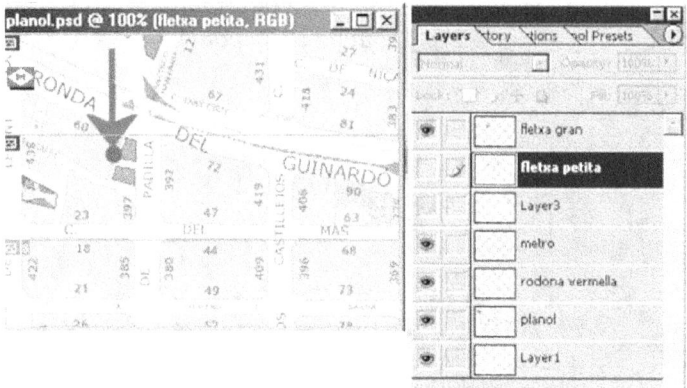

2. Crear / Abrir / Guardar archivos de imagen

Crear un archivo nuevo

Para crear un nuevo archivo, hemos de seleccionar la opción **Archivo / Nuevo**.

Un cuadro de diálogo nos permitirá definir las propiedades del nuevo documento.

Medida del documento: anchura y altura

Una vez escrito el nombre del documento, deberemos decidir qué ancho y alto querremos que tenga. Podremos establecer estas dimensiones utilizando diversas unidades de medida; las más usuales son los **centímetros** si lo que queremos es trabajar con una imagen que después deberá ser impresa, o en **pixeles** para trabajar con una imagen que queremos que sea visualizada en pantalla.

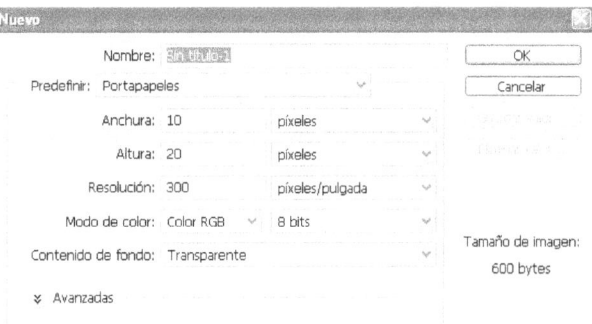

Un píxel (del *picture element*, es decir, elemento de imagen) es la unidad más pequeña en que se descompone una imagen digital. Las imágenes se forman como una matriz rectangular de pixeles, donde cada píxel es un punto diminuto de la imagen total. El píxel no tiene una medida concreta, sino que depende de la resolución que tenga la pantalla (independendientemente de su medida real). Así si la pantalla con la que trabajamos tiene una resolución de 800 x 600 se mostrarán 800 pixeles de anchura y 600 de altura. Si cambiamos la configuración de la pantalla a 1024 x 768 pixeles la medida de la imagen en centímetros será la misma, pero en pantalla se mostrarán más pixeles en un mismo espacio. Este es el motivo por el cual la misma imagen parece mayor en una resolución de pantalla más baja.

Resolución

La resolución de la imagen es independiente de la resolución de pantalla. En las imágenes digitales el término *resolución* hace referencia a la capacidad de detalle de una imagen. La calidad de una imagen digital está directamente relacionada con su resolución: cuando mayor sea la cantidad de pixeles por pulgada (ppp o ppi) mayor será su calidad y, paralelamente, mayor el espacio de memoria que necesitaremos para almacenarla, ya que presentará más bits de información; esto implica una mayor definición y gradaciones de color más sutiles.

Por defecto, Photoshop asigna al documento nuevo una resolución de 72 ppp, que es la resolución estándar para las imágenes que se han de ver en Internet o enviar por correo electrónico. Si lo que queremos es imprimir la imagen, entonces deberemos seleccionar una resolución de entre 240 y 300 ppp.

Tipos de color

Podemos escoger dos tipos de color RGB o CMYK. Si trabajamos con una imagen que queremos que sea vista en pantalla lo más adecuado es el tipo RGB (rojo, verde y azul) que es el sistema que utilizan los monitores. Si lo que queremos es imprimirla, lo más recomendable es el tipo CMYK (cian, magenta, amarillo y negro) que define los colores de forma aditiva, tal como funciona una impresora de inyección de tinta a cuatro colores o las máquinas de imprenta (cuadricomia).

Contenido del fondo

Por último deberemos definir el color de fondo del documento donde trabajaremos. Lo más recomendable es seleccionar un fondo transparente.

Abrir un archivo existente

Para abrir un archivo existente, hemos de seleccionar la opción *Archivo / Abrir*.

Al hacer clic sobre esta opción, se abrirá una nueva ventana en la que deberemos localizar la imagen con la que queremos trabajar.

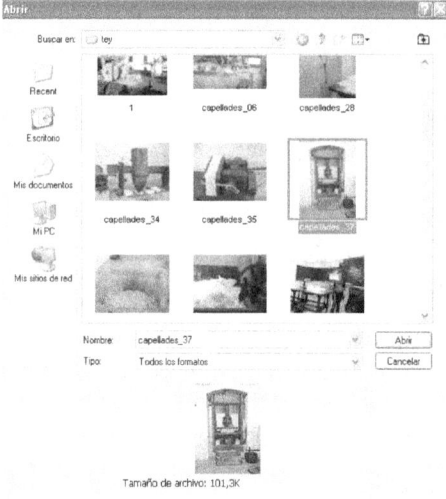

Una vez seleccionada, haremos clic en el botón *Abrir* y la imagen se abrirá en el área de trabajo Photoshop.

Si queremos seleccionar más de una imagen, debemos pulsar la tecla de mayúsculas y hacer clic sobre las imágenes que deseamos abrir.

Podemos explorar el contenido de nuestro ordenador para localizar imágenes mediante la opción *Explorar* a la que accederemos seleccionando *Archivo / Explorar*. Se abrirá una nueva ventana que nos mostrará todas las carpetas y su contenido.

Botones

Menú del explora-
dor

Explorador de
carpetas

Visualizar la imagen seleccionada

Metadatos

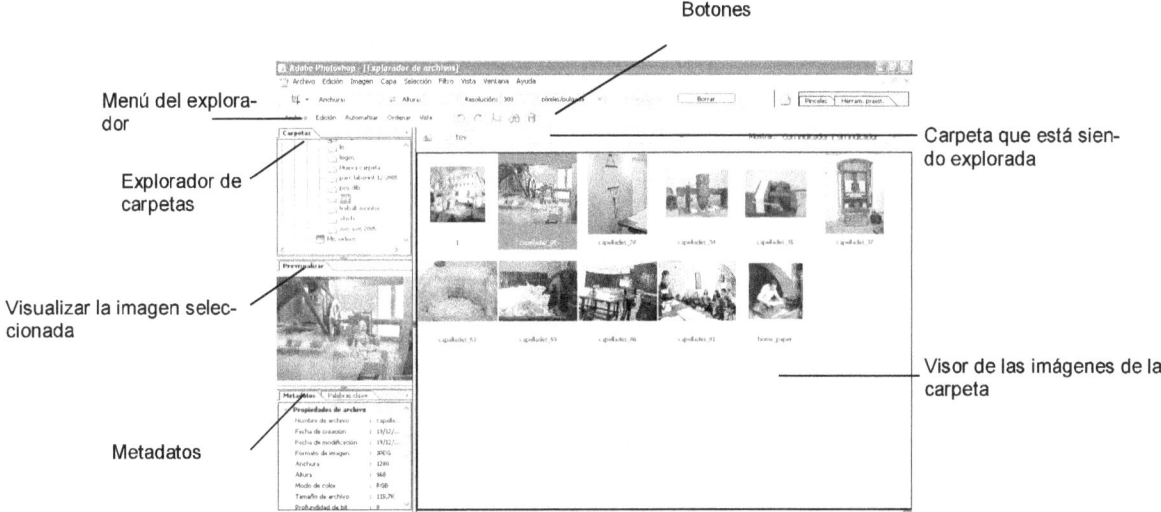

Carpeta que está sien-
do explorada

Visor de las imágenes de la
carpeta

Desde el **menú** de este explorador podremos abrir una imagen, crear una nueva carpeta, cambiar el nombre de un archivo, etc.

La pestaña ordenar nos permite definir como queremos que se ordenen las imágenes
de una carpeta (por tamaño, por fecha de realización, alfabéticamente, etc.).

Archivo   Edición   Automatizar   Ordenar   Vista

Los **botones** del explorador nos ofrecen las posibilidades siguientes:

↺	Gira la imagen 90° a la izquierda.
↻	Gira la imagen 90° a la derecha.
⚑	Señala el archivo de imagen. Permite localizar de manera más rápida las imáge-nes más importantes.
👓	Busca los archivos de imagen por criterios como el nombre, la fecha de realiza-ción, el tipo de archivo, ...
🗑	Elimina las imágenes seleccionadas.

En la pestaña *metadatos* encontramos toda la información de la imagen (formato,
tamaño, resolución,...). En los campos donde encontramos el icono:

Podremos añadir información adicional como el nombre del archivo, la fecha de creación...

Guardar archivos

Para guardar un archivo podemos utilizar dos opciones del menú: **Archivo / Guardar** que nos permitirá grabar el archivo con el mismo nombre, formato y propiedades con el que lo hemos abierto, y **Archivo / Guardar como** que nos dará la posibilidad de escoger diversos formatos, alguno de los cuales escribimos a continuación:

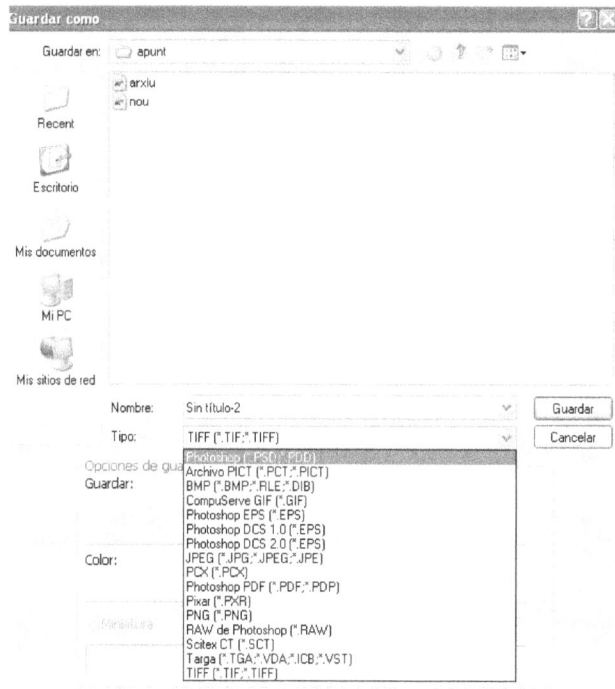

PSD (*Photoshop Standard Document*)

Es el formato más adecuado para guardar imágenes inacabadas o en proceso. Son archivos de trabajo propios de Photoshop y tienen la ventaja que al guardar el trabajo y cerrar la aplicación se mantienen todas las características, capas, transparencias, objetos,... exactamente igual como las teníamos antes de cerrar el programa. Son los archivos ideales para trabajar, pero, como no se pueden comprimir, son muy pesados y por lo tanto no son adecuados para circular por Internet, ni para imprimir.

Los formatos más utilizados para los archivos de imagen son **GIF**, **JPEG** i **TIFF**.

GIF (*Graphics Interchange Format*)

Fue creado por Unisys. El formato se basa en un sistema de compresión muy sencillo que presenta como inconveniente que las imágenes son muy grandes y tardan un tiempo considerable en viajar por la red. Pero, paradójicamente, este inconveniente es su mayor ventaja puesto que la descompresión que se ha de realizar antes de visuali-zar la imagen es muy rápida. En este formato se trabaja con un máximo de 256 colo-res por píxel. El formato GIF es interesante para ser utilizado en páginas web; por un lado, las imágenes se pueden guardar con fondo transparente, lo que permite ver el color de fondo de la pantalla; por otro lado, permite guardar las como imágenes en movimiento.

Como este formato es especialmente eficiente cuando se trata de imágenes con colores planos, líneas definidas y pocos degradados (al contrario que el formato JPG que describiremos a continuación), es indicado para dibujos lineales, iconos, etc.

Si decidimos guardar nuestro archivo como GIF, Photoshop abrirá una nueva ventana:

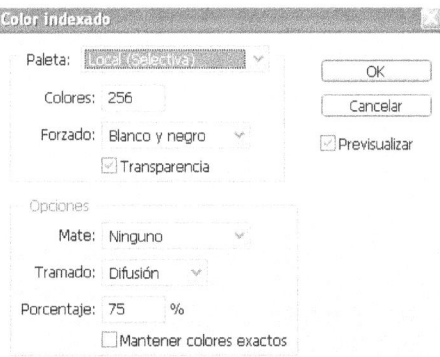

Aquí es donde podremos definir el **tipo de paleta**, que es el conjunto de colores de salida que queremos que tenga la imagen; la opción por defecto es *Local (Selectiva)* que intenta ajustar la paleta de colores finales a los colores que contenga la imagen; es la opción más recomendable. También podemos escoger la **cantidad de colores** que queremos que almacene: 256, el número máximo, más o menos. Si queremos que nuestra imagen tenga **transparencia**, deberemos seleccionar la casilla *Transparencia*. Es conveniente tener seleccionada la casilla *Previsualizar* ya que nos permitirá ver con qué calidad se grabará la imagen.

JPG (*Joint Photographic Experts Group*)

Este formato fue diseñado por el *Joint Photographic Experts Group* (Grupo de Expertos Fotográficos Unidos), de las siglas en inglés del grupo deriva el nombre de este **formato abierto y de derechos libres**. El formato JPG o JPEG surgió como respuesta a las limitaciones de otros formatos, como el GIF, en cuanto a la calidad y volumen de sus archivos de imagen. JPEG es un formato de compresión con pérdida, lo que significa que, al guardar una imagen en este formato, una parte de la información que contiene la imagen se reduce; esto implica una pérdida de calidad, prácticamente imperceptible al ojo humano.

Este formato permite **reducir el volumen del archivo**, también se puede escoger el grado de compresión que se quiere asignar al archivo, así podremos decidir si queremos una imagen de más cualidad, pero con más volumen, o a la inversa.

Al escoger este formato, Photoshop muestra una nueva ventana:

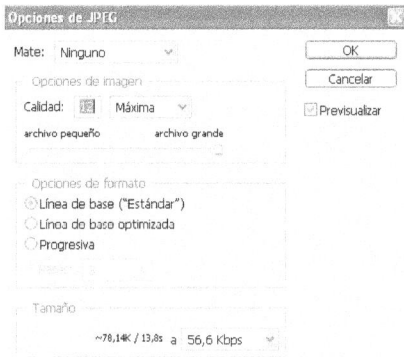

En el apartado de *Calidad* podremos escoger entre **calidad alta**, **mediana** o **baja**. El peso del archivo variará según lo que se escoja; el tamaño de la imagen lo encontramos en la parte inferior de esta ventana (*Tamaño*). También podremos escoger el **tipo de formato** (*Opciones de formato*) para decidir la relación entre la medida del archivo de imagen y la calidad.

Lo mejor es tener seleccionada la casilla *Previsualizar* para valorar la calidad de imagen que obtenemos al seleccionar las opciones de esta ventana.

TIFF (*Tagges Image File Format*)

Creado por la compañía Aldus, actualmente es propiedad de Adobe. Es un formato de compresión de áreas que permite guardar las imágenes con la máxima calidad, además de especificar los parámetros propios de la impresión. Es uno de los formatos que más espacio ocupa pero el mejor para ser impreso.

3. Las capas

Para entender qué son las capas, podemos imaginarlas como hojas de acetato apiladas las unas sobre las otras. A través de una zona de una capa donde no haya imágenes podemos ver las capas inferiores. Cambiando el orden de las capas, podemos modificar la composición de una imagen.

Paleta Capas

La paleta *Capas* muestra las capas de un archivo de imagen. Desde aquí podemos crear capas nuevas, esconderlas, eliminarlas,...

Si esta paleta no se encontrara abierta, debemos ir a la barra de menús y seleccionar la opción **Ventana / Capas**.

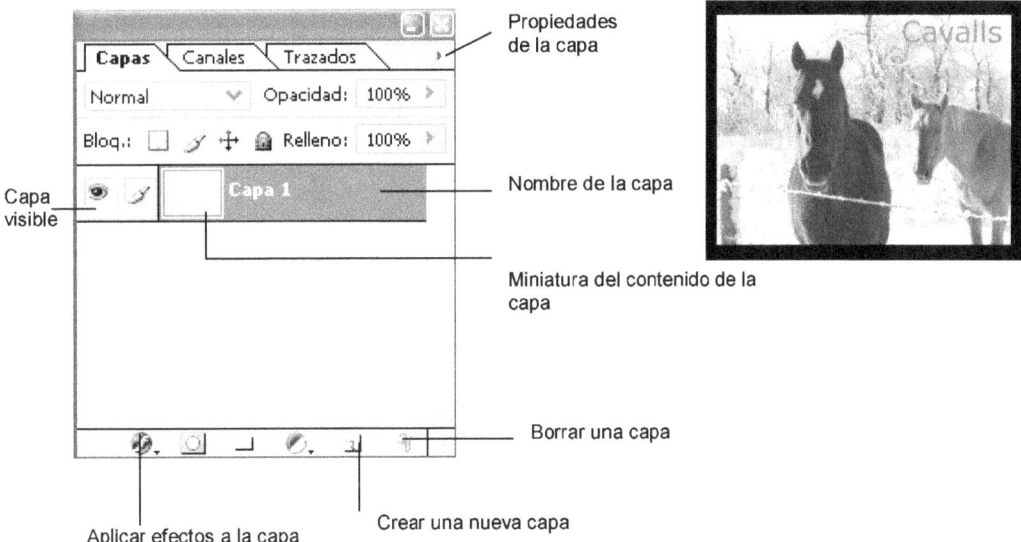

Las mismas opciones que nos ofrece esta misma paleta las encontramos en la opción **Capas** de la barra de menús:

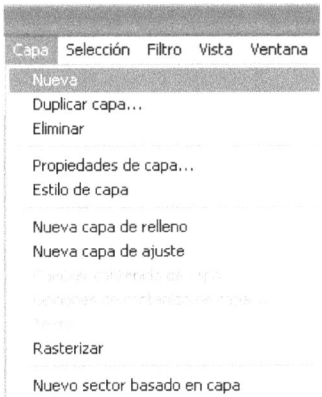

Crear capas

Para añadir nuevas capas a una composición debemos pulsar sobre el icono *Nueva capa*:

Automáticamente se añadirá una nueva capa transparente encima de la que tenemos creada.

Photoshop identifica las capas con nombres por defecto (capa 1, capa 2,...); es conveniente cambiar el nombre según su contenido, lo que hará más sencilla su identificación. Para cambiar el nombre de la capa, debemos hacer clic encima del nombre que le ha dado Photoshop y sustituirlo por uno nuevo. Otra manera de hacerlo es situar el puntero encima del nombre de la capa y hacer clic con el botón derecho del ratón; seleccionar la opción *Propiedades de la capa* y cambiar el nombre de la ventana que se abrirá a continuación; también es posible asignarle un color que la haga más fácilmente identificable en la paleta de capas.

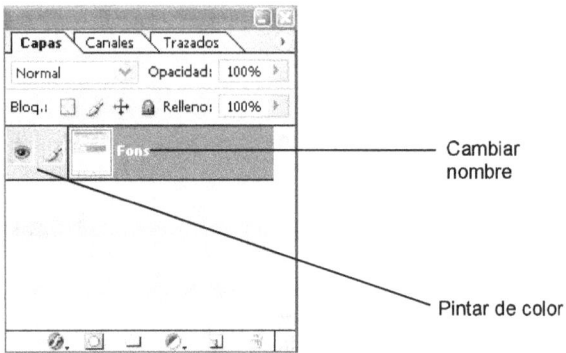

Modificar capas

Para per poder trabajar con las capas, sólo debemos hacer clic encima del nombre de la capa que sea necesario modificar. Al lado de la miniatura de la capa, aparecerá el icono siguiente :

Indica que esta es la capa activa y, por lo tanto, será la capa que se verá afectada por las acciones que apliquemos.

Superposición de capas

Las capas superiores tapan las inferiores siempre que la superior no tenga ninguna zona transparente. Las zonas transparentes permiten ver el contenido de las capas inferiores.

El ejemplo siguiente nos permitirá ver como trabajamos con tres capas. La inferior es toda negra, la del medio es una imagen (unos caballos) que no ocupa toda la ventana, sino que tiene una zona transparente alrededor de la imagen por donde se puede ver la capa inferior; finalmente, la primera capa es un texto que nos permite ver las dos capas inferiores porque es transparente:

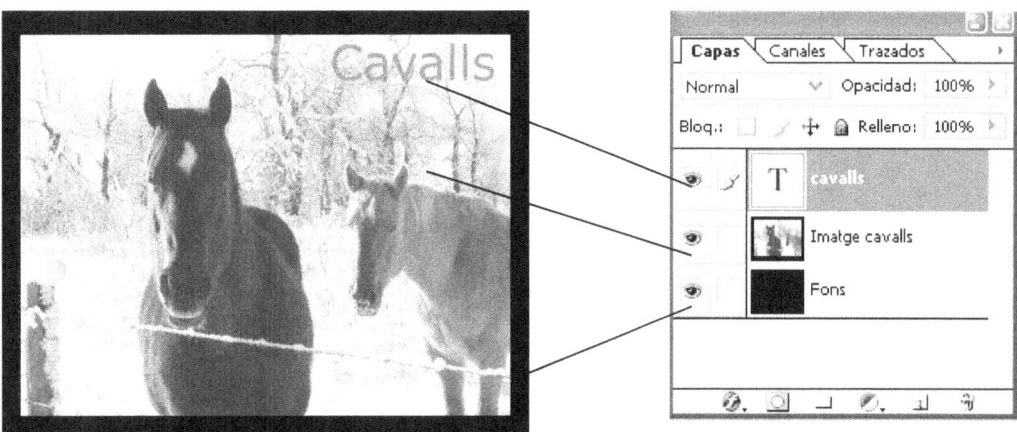

Photoshop permite graduar la transparencia de las capas. Desde la paleta capas podemos modificar la opacidad de la capa activa. El valor 0 % indica que la capa es totalmente transparente, lo que permitiría ver el contenido de las capas situadas por debajo.

A menudo, cuando trabajamos con capas distintas, deberemos esconder alguna para trabajar encima de otra más cómodamente. Para esconder una capa, hacemos clic en el ojo que encontramos al lado de cada capa (el ojo indica que la capa es visible); con eso habremos escondido aquella capa (el ojo desaparecerá). Para visualizarla otra vez, clic en la misma zona para hacer aparecer el ojo nuevamente.

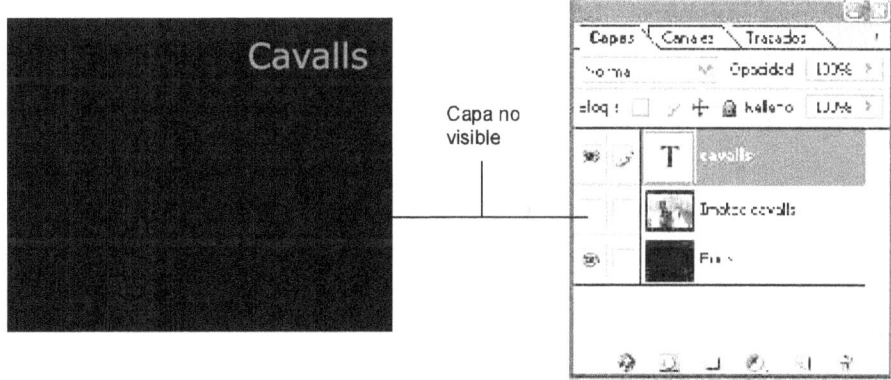

Mover capas

Las capas se pueden mover para ajustar su posición dentro del área de trabajo. Para poder hacerlo, utilizaremos la herramienta de desplazar:

Capas enlazadas

Para enlazar dos capas sólo debemos hacer clic en la paleta de capas en el recuadro que encontramos entre la miniatura y el icono de capa visible. Esto nos permitirá que la capa activa y todas las que estén enlazadas se puedan desplazar al mismo tiempo.

Capa enlazada con la capa activa —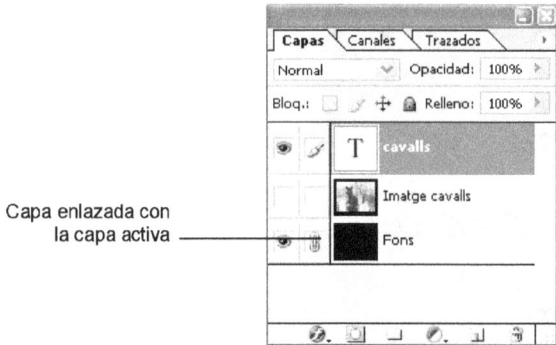

Enlazar capas permite, por ejemplo, alinear diversas capas al mismo tiempo. Para ello, una vez hemos seleccionado las capas que queremos mover y teniendo seleccionada la herramienta de desplazar, en la barra de opciones aparecerás las distintas posibilidades de alineamiento.:

Sólo hace falta escoger la que mejor se ajuste a nuestras necesidades haciendo clic.

124

4. Retoque de imágenes

Cómo cambiar la medida y la resolución de una imagen

A menudo, cuando descargamos una imagen al ordenador, ésta tiene unas medidas y una resolución demasiado grandes para aquello que queremos conseguir. Para cambiar estos parámetros, seleccionamos en la barra de menús *Imagen / Tamaño de la imagen*; se abre una ventana que informa sobre la medida y la resolución de la imagen:

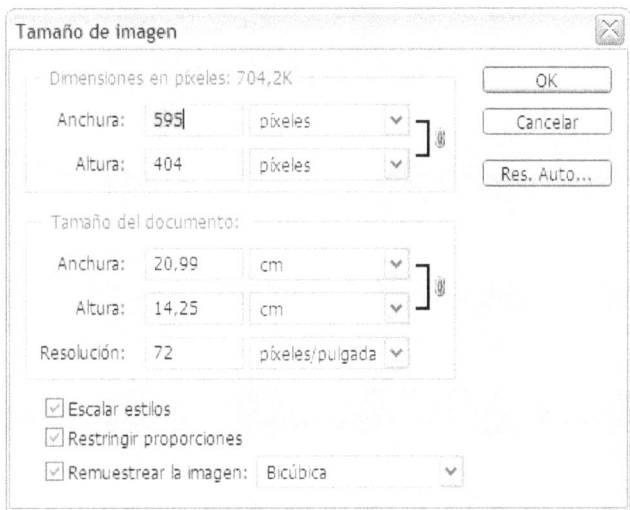

El apartado *Dimensiones en pixeles* indica la anchura y la altura de la imagen en pixeles, cosa que puede ser muy útil si lo que queremos es que esta imagen sea visualizada en pantalla.

En el apartado *Tamaño del documento* obtendremos la misma información, pero en centímetros; información útil si debemos imprimir la imagen.

El apartado *Resolución* hace referencia a la capacidad de detalle de una imagen. Deberemos variarla en función de si queremos que sea visualizada por pantalla o para ser impresa. En el primer caso, con una resolución de 72 ppp es suficiente; en el segundo caso, la resolución debería de estar entre 240 i 300 ppp.

Es conveniente que las tres últimas casillas (*Escalar estilos*, *Restringir proporciones* y *Remuestrear la imagen*) estén seleccionadas con vistas a no deformar la imagen y que se puedan cambiar independientemente de la medida y resolución.

Una vez cambiadas las características que convenga, hacemos clic en el botón *OK*.

Es importante tener en cuenta que si la medida de la imagen modificada es mayor que la del original, la calidad de la nueva imagen será más baja

Cómo girar una imagen

Si lo que queremos es girar una imagen, lo podemos hacer antes de abrirla desde el explorador de Photoshop (ver pág. 9); o bien, con el archivo de imagen ya abierto, escoger la opción del menú *Imagen / Rotar lienzo*. Aquí podremos escoger las opciones siguientes:

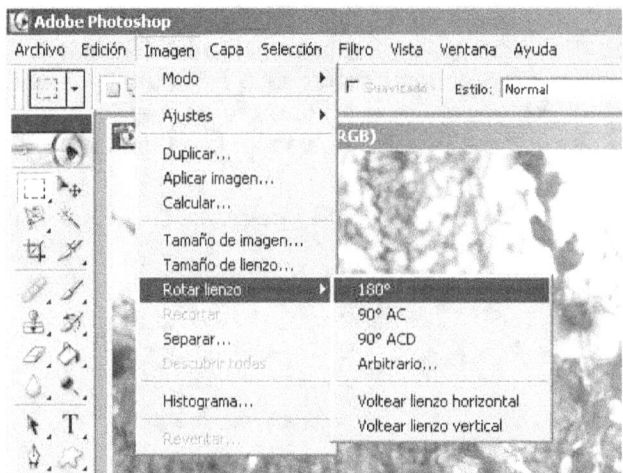

Rotar 180°: girar la imagen 180°.
Rotar 90° AC: girar la imagen 90° hacia la derecha.
Rotar 90° ACD: girar la imagen 90° hacia la izquierda.
Arbitrario: debemos indicar los grados que queremos que gire.
Voltear horizontal: girar la imagen horizontalmente
Voltear vertical: girar la imagen verticalmente.

Cómo encuadrar y recortar una imagen

A menudo querremos mejorar una fotografía encuadernándola, y la mejor manera de conseguirlo es recortarla. Es necesario indicar que si recortamos una imagen perdemos una parte de ella y, en consecuencia, no podremos ampliarla a la misma medida que el original sin perder calidad.

Seleccionamos la herramienta a recortar:

A continuación desplazamos el puntero del ratón hasta la imagen y, pulsando el botón izquierdo del ratón, encuadramos la parte de la imagen que queremos conservar.

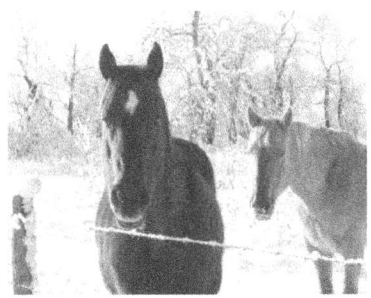 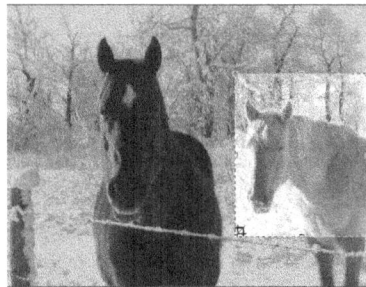 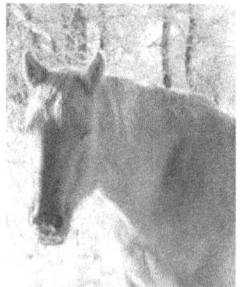

126

El enmarcamiento que hemos creado no hace falta que sea preciso, ya que lo podremos ajustar después situando el puntero del ratón en las esquinas del enmarcado. Para acabar de recortar es necesario pulsar la tecla Intro o hacer doble clic con el botón izquierdo del ratón.

Si lo que queremos es cancelar la operación, pulsamos la tecla ESC.

También es posible recortar la imagen especificando una medida concreta; por ejemplo, si lo que queremos es que nuestra imagen tenga una medida de 10 x 15 cm, escribiremos en la barra de opciones la altura y anchura que queremos que tenga nuestra imagen. Después con el puntero del ratón o con el cursor del mismo podremos desplazar el recuadro de 10 x 15 cm que nos habrá creado Photoshop hasta situarlo donde haga falta.

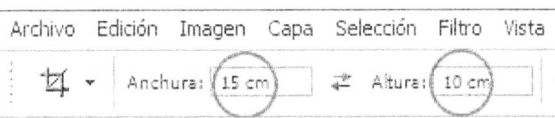

Cómo ajustar automáticamente los niveles, el contraste y el color de una imagen

Photoshop permite ajustar automáticamente los niveles (para aclarar o oscurecer una imagen), los contrastes (para aumentar o disminuir el brillo de una imagen y el color (para equilibrar el color de una imagen).

A continuación describimos el procedimiento.

Ajuste automático de los niveles

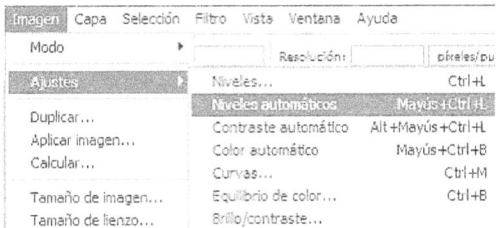

Seleccionamos la opción del menú *Imagen / Ajustes / Niveles automáticos*

Ajuste automático del contraste

Seleccionamos la opción del menú *Imagen / Ajustes / Contraste automático*

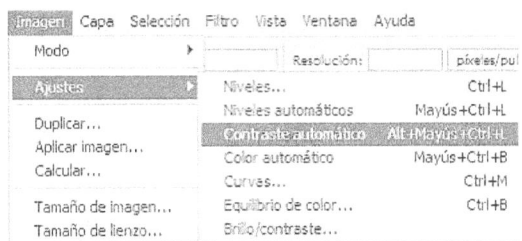

Ajuste automático del color

Seleccionamos la opción del menú *Imagen / Ajustes / Color automático*

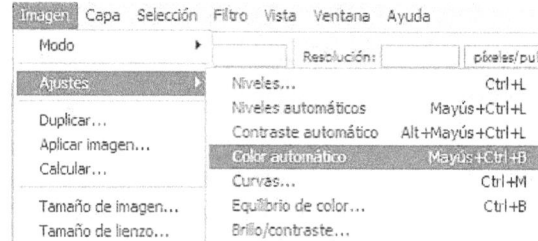

Cómo ajustar manualmente los niveles, el contraste y el color de una imagen

Si los ajustes automáticos no dejan la imagen como nos interesa, podemos acceder al menú de ajustes manuales.

A continuación describimos el procedimiento.

Ajuste manual de los niveles

Seleccionamos la opción del menú *Imagen / Ajustes / Niveles*. Se mostrará un histograma que representa la gama tonal de la imagen, su luminosidad...

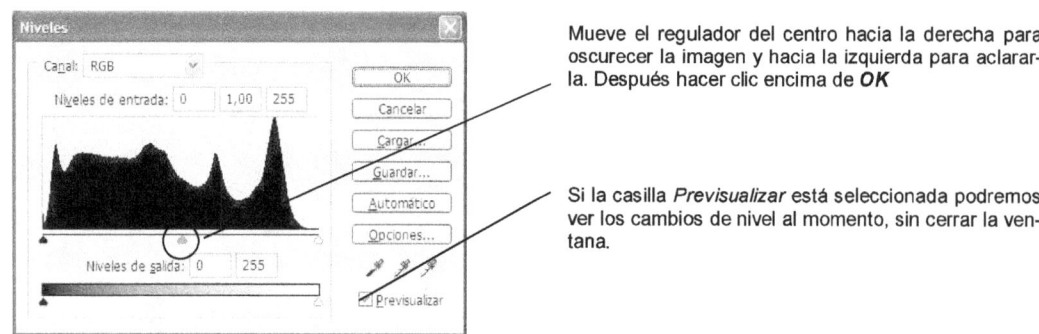

Mueve el regulador del centro hacia la derecha para oscurecer la imagen y hacia la izquierda para aclararla. Después hacer clic encima de *OK*

Si la casilla *Previsualizar* está seleccionada podremos ver los cambios de nivel al momento, sin cerrar la ventana.

Ajuste manual del brillo y el contraste

Seleccionamos la opción del menú *Imagen / Ajustes / Brillo/contraste*.

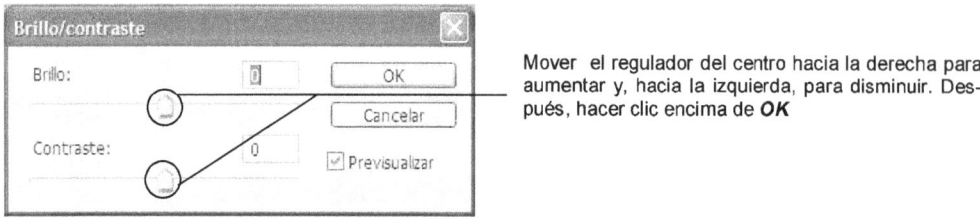

Mover el regulador del centro hacia la derecha para aumentar y, hacia la izquierda, para disminuir. Después, hacer clic encima de *OK*

Ajuste manual del tono, la saturación y la luminosidad de una imagen

Seleccionamos la opción del menú *Imagen / Ajustes / Tono/saturación*.

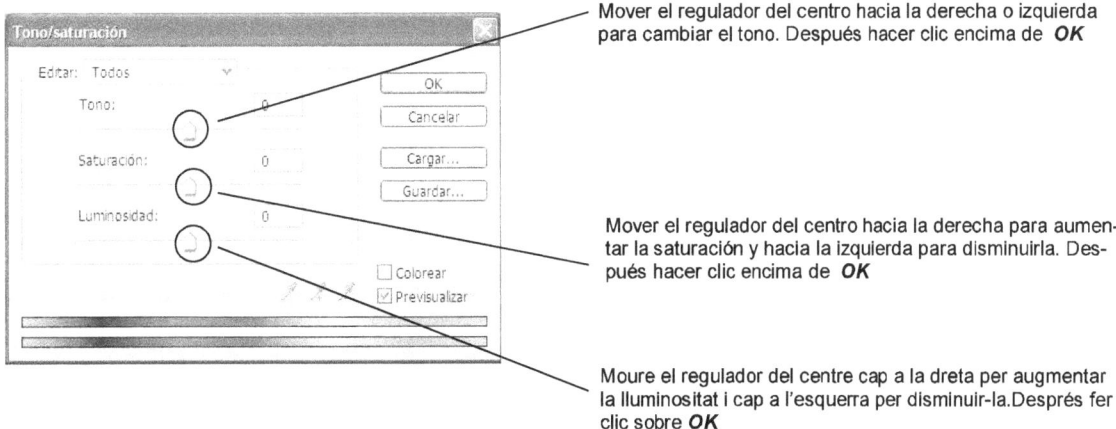

Mover el regulador del centro hacia la derecha o izquierda para cambiar el tono. Después hacer clic encima de *OK*

Mover el regulador del centro hacia la derecha para aumentar la saturación y hacia la izquierda para disminuirla. Después hacer clic encima de *OK*

Moure el regulador del centre cap a la dreta per augmentar la lluminositat i cap a l'esquerra per disminuir-la.Després fer clic sobre *OK*

Cómo convertir una imagen de color en una en blanco y negro

Seleccionamos *Imagen / Modo / Escala de Grises*.

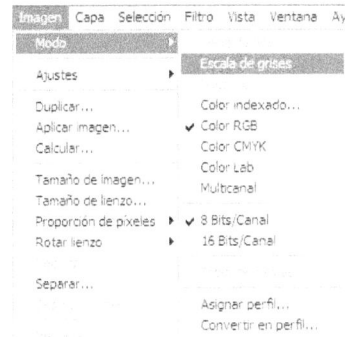

Una vez seleccionada esta opción Photoshop nos hará la siguiente pregunta:

¿Desea eliminar la información de colores?

Responderemos OK y habremos acabado con la transformación.

Cómo pasar una imagen a bitono (dos tonos)

Las imágenes bitono son imágenes en blanco y negro con un tinte de color.

Para aplicar el bitono seleccionar *Imagen / Modo / Duotono*, aparecerá una ventana donde podremos seleccionar el bitono:

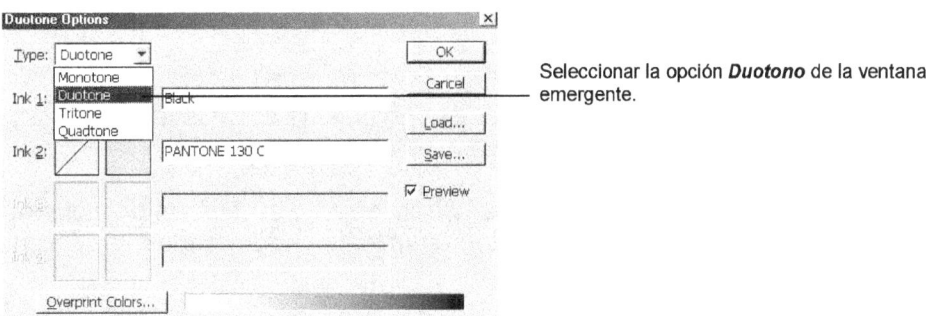

Seleccionar la opción *Duotono* de la ventana emergente.

Una vez seleccionado el tipo, debemos especificar las tintas:

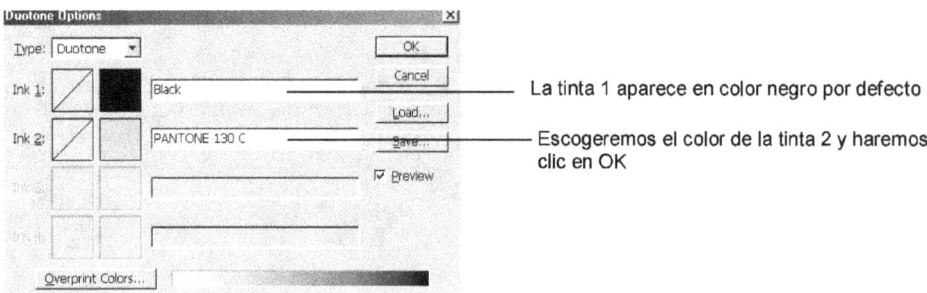

La tinta 1 aparece en color negro por defecto

Escogeremos el color de la tinta 2 y haremos clic en OK

Cómo eliminar imperfecciones

 El pincel corrector permitirá eliminar polvo, granos, rayas, arrugas, pecas..., para conseguirlo debemos seleccionar la herramienta pincel.

A continuación, deberemos buscar un área que tenga una iluminación, una textura y un sombreado lo más semejante posible al área que queremos corregir. Situamos el puntero en esta área (denominada área de muestreo) y pulsamos la tecla ALT mientras hacemos clic en el botón izquierdo del ratón.

Cuando el área de muestreo ya está seleccionada, sólo hace falta situar el puntero sobre la zona que contiene la imperfección y, haciendo clic con el botón izquierdo del ratón, repasamos la imperfección para eliminarla.

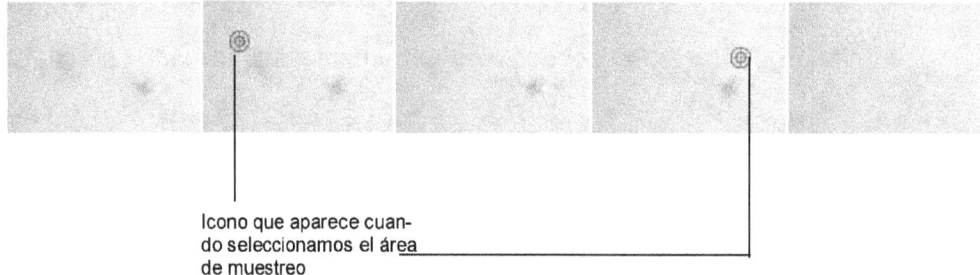

Icono que aparece cuando seleccionamos el área de muestreo

Cómo eliminar los ojos rojos

Photoshop permite corregir los ojos rojos que provoca una incorrecta utilización del flash de la cámara fotográfica.

El procedimiento es el siguiente:

1. Una vez abierta la imagen, hemos de aumentar la zona de los ojos a rectificar mediante la herramienta zoom, así será más sencillo trabajar.

2. A continuación, seleccionamos la herramienta de sustitución del color que encontraremos situada en el cuadro de herramientas junto con las herramientas pincel corrector y remiendo.

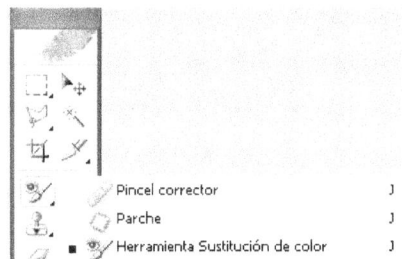
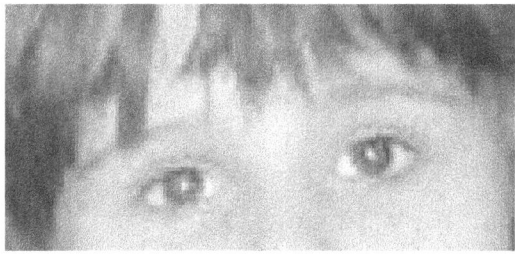

3. Seleccionamos una punta de pincel de la barra de opciones. La punta de pincel ha de ser más pequeña que la zona roja de los ojos; esto facilitará la corrección.

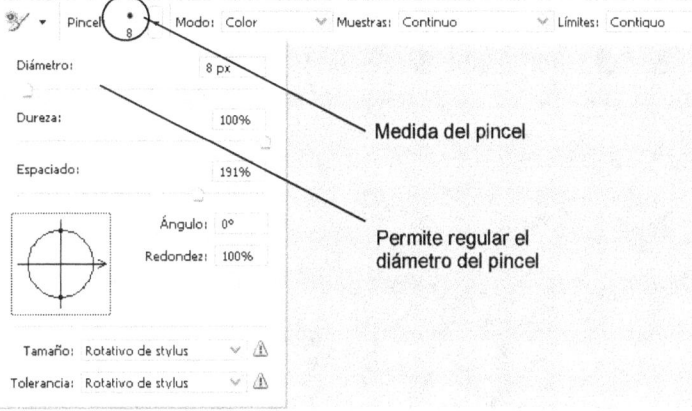

4. Para conseguir nuestro objetivo, debemos definir las opciones de la herramienta **Sustitución del color**.

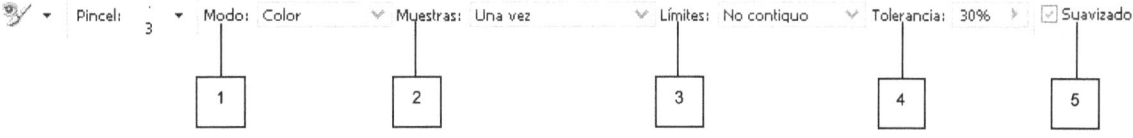

1. **Modo**: debemos seleccionar la opción **Color**
2. **Muestras**: seleccionamos **Una vez**
3. **Límites**: seleccionamos **No contiguo**
4. **Tolerancia**: seleccionamos un nivel bajo (aproximadamente un 30 %)
5. **Suavizado**: ha de estar seleccionado

5. Seleccionamos un color para sustituir el color rojo.

6. Una vez definidas las opciones de herramienta y seleccionado el color de sustitución, podemos empezar a corregir los ojos rojos.

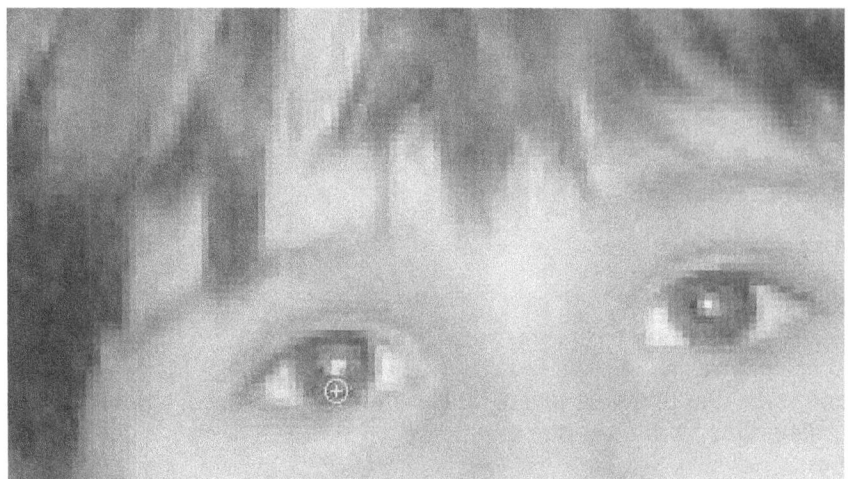

7. Hacemos clic con el botón izquierdo del ratón y lo desplazamos por la zona roja. Veremos como el color rojo es sustituido por el color que hemos seleccionado con anterioridad. Si el color rojo no se elimina por completo, debemos aumentar el nivel de tolerancia de la barra de opciones para corregir más tonos de rojo.

8. Los ojos rojos habrán desaparecido.

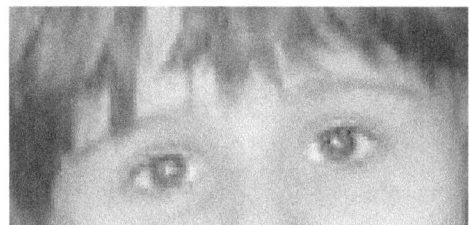

5. Aplicación de filtros

Los filtros son efectos que se aplican a los pixeles de una imagen digital para mejorarla, resaltar cierta información o conseguir un efecto especial.

Los filtros que incorpora Photoshop son, entre otros, el artístico, el de desenfoque, el de distorsión, para pixelar, para interpretar, para enfocar...

Para acceder a los filtros debemos seleccionar la opción *Filtros* de la barra de menú. Aparecerá un submenú con todas las opciones posibles:

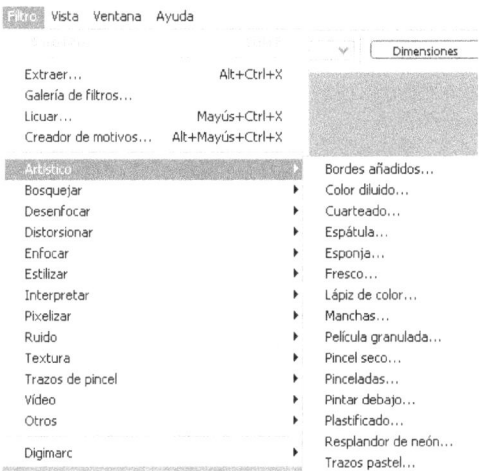

Si hacemos clic encima de *Filtros / Galería de filtros*, se abrirá una nueva ventana que nos permitirá previsualizar el efecto que provoca en la imagen la aplicación del filtro.

Esta ventana está dividida en tres espacios: la parte central es un espacio de navegación, donde se encuentra una relación de todos los filtros y una miniatura del efecto de cada uno de ellos sobre la imagen. A la derecha vemos las opciones de cada uno de los filtros seleccionados para poder introducir variaciones..

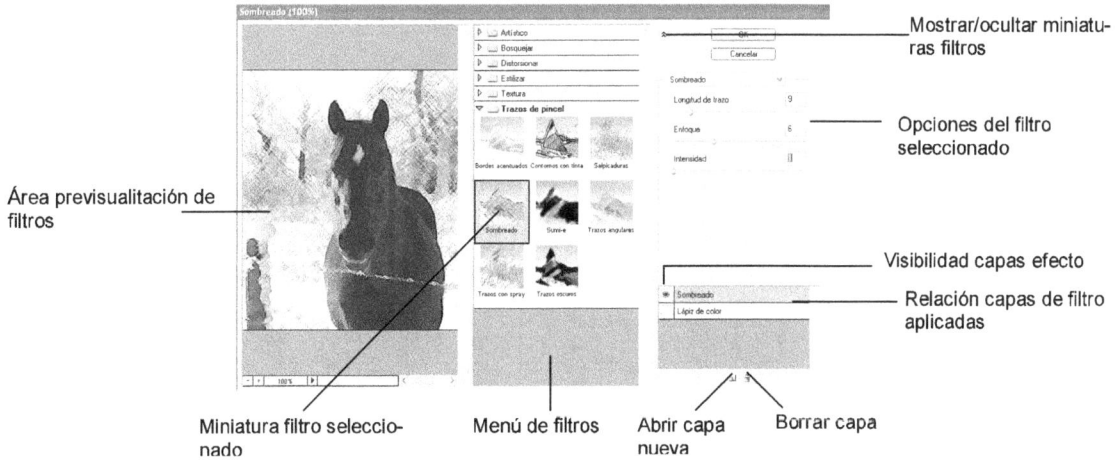

▵ Para aplicar un efecto en una capa desde la **Galería de filtros** hacemos clic encima del icono de nueva capa situado en la parte inferior derecha de la ventana.

La mayoría de filtros se pueden aplicar de manera acumulativa, es decir, en una misma capa podemos aplicar diversos filtros.

Los efectos de los filtros se aplicarán en el orden en el que han sido seleccionados. Podemos reorganizar los filtros seleccionados arrastrando la capa del filtro a otra posición. La reorganización de los efectos del filtro puede cambiar drásticamente el aspecto de la imagen.

👁 Si hacemos clic sobre el icono del ojo situado al lado de la capa de filtro, el efecto se esconderá.

🗑 También se pueden eliminar filtros que hemos aplicado haciendo clic encima del botón *Eliminar capa de efecto*.

Para aplicar los efectos de filtro escogidos, debemos hacer clic en el botón Aceptar.

A continuación veremos algunos ejemplos:

1. Seleccionamos un filtro del submenú artístico para conseguir un efecto pictórico. Por ejemplo, si seleccionamos **Filtros / Artísticos / Cuarteado**, el efecto seria el siguiente:

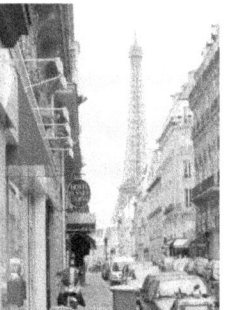 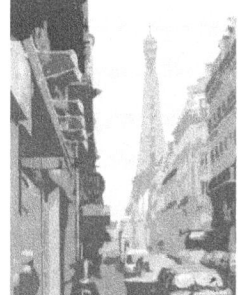

2. Seleccionamos un filtro del submenú **Trazos de pincel** para conseguir un efecto pictórico utilizando diferentes efectos de pincel y tinta. Algunos de estos filtros añaden granulado, pintura, textura, etc. a la imagen. Por ejemplo, si seleccionamos **Filtros / Trazos de pincel / Sumi-e** el efecto seria el siguiente:

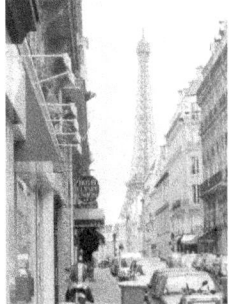 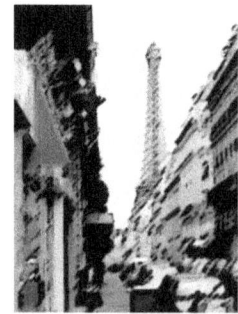

3. Seleccionamos ahora un filtro del submenú **Filtros de distorsión** para distorsionar geométricamente una imagen, crear efectos tridimensionales o otros efectos de cambio. Por ejemplo, si seleccionamos **Filtros / Distorsión / Coordenadas polares**, el efecto seria el siguiente:

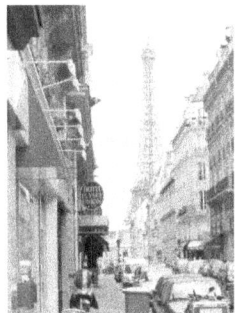 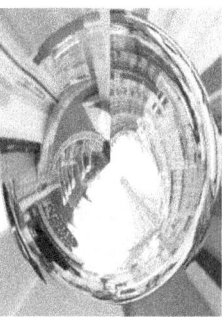

4. Seleccionamos un filtro del submenú **Filtros de textura** para proporcionar a la imagen un aspecto de profundidad, de sustancia o para añadir una apariencia más natural. Por ejemplo, si seleccionamos **Filtros / Textura / Grietas**, el efecto seria el siguiente:

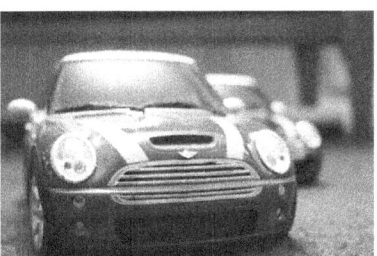 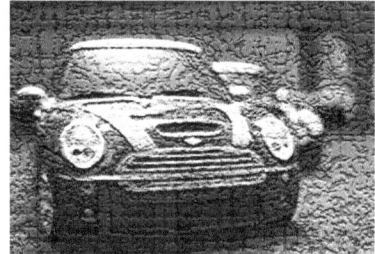

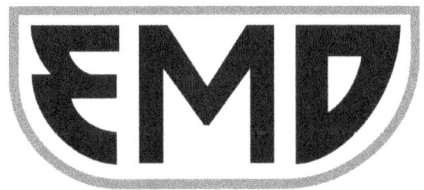

www.ingramcontent.com/pod-product-compliance
Lightning Source LLC
Chambersburg PA
CBHW082134290526
45794CB00008B/3037